Zwei zum ersten Mal im Sarek

Wandern im Land der Samen

Eine Sommer-Wanderung
im **Sarek Nationalpark**
in Schwedisch-Lappland

von
Klaus Heyne

Zwei zum ersten Mal im Sarek

Herstellung und Verlag:
Books on Demand GmbH, Norderstedt

ISBN 9783844802054

Zwei zum ersten Mal im Sarek

Ich bin ein Geschöpf des windigen Berges
ein Krüppel nur im Zwergbirkenhain,
bin biegsam geworden wie der Wind
und joike meinen Schmerz
joike meinen Kummer!

Ich bin ein Blaukehlchen im Gesträuch
bimmelnde Rentierglocke.
Bin ein entfernter, sich verflüchtigender Ruf
Gesetze vergehen
wie der gestrige Tag

Meine Jahre: nur Tag und Nacht
des Frühlings Klarheit mein Pelz
und die Nordlichter am Himmel
der frostigen Polarnacht
mein Mantel

Auch wenn der eisige Herbstwind
Unheil verkündet
strahlt der Sonne goldene Brosche
im klaren Himmelsblau

Nicht nach Macht und Reichtum
ging mein Streben und Verlangen
mein Reichtum sind
des Berges Flüstern
des Baches
silberner Lendengürtel

Zwei zum ersten Mal im Sarek

Ich bin des steinigen Berges Kind
ein Wanderer, geschaukelt vom Wind
ich bin zersplittert
das Leben gab mir
Schmerz
streichelte mich mit Schmerz
Ich sehe wie die Klugen
des allgemeinen Rechts
Stück um Stück von mir abnagen
mich fressen

Land, Luft und Wasser
verderben
vernichten

Ich bin des windigen Berges Kind
gebeugt vom Norden, ein Unglückseliger
ich bin scheu und flüchtig
ein kraftloser Wind
ich joike stumm
betrachte nur

Nils-Aslak Valkeapää

Zwei zum ersten Mal im Sarek

Jens

Klaus

Zwei zum ersten Mal im Sarek

Zwei zum ersten Mal im Sarek

Übersichtskarte SAREK Nationalpark

Die rote Linie im Gebirge stellt die Wanderroute dar

——————— *tatsächliche Route*

– – – – – *nicht realisierter Routenabschnitt*

① Saltoluokta   ④ Niak

② Pietsaure   ⑤ Pierikjaure

③ Niento   ⑥ Aktse

Zwei zum ersten Mal im Sarek

„Du und Dein geliebtes Lappland", meinte mein 5-jähriger Filius neulich, als nach langer Zeit wieder mal eine Reise in den Hohen Norden bevorstand - und Recht hat er.

Ich liebe diese grenzenlose Natur, ich liebe diese Abkehr von der Zivilisation und ich liebe es, bei meinen Wanderungen durch diese einzigartige Landschaft die Grundbedürfnisse schätzen zu lernen – Essen, Trinken, Unterkunft. Was ich nicht liebe – obwohl es mir immer wieder unterstellt wird -, aber billigend in Kauf nehme, ist das unberechenbare und oftmals regnerische Wetter. Und natürlich die Mücken. Aber beides gehört nun mal untrennbar dazu.

„Papa, ich fahr' auch mal mit Dir nach Lappland", meinte Niki dann noch. Damit warten wir lieber noch ein wenig.

Doch jetzt, in diesem Millennium-Jahr, geht es für mich nach 8-jähriger Abstinenz endlich wieder los. Jens wird mein Wanderpartner sein. Zusammen werden wir den SAREK besuchen.

Sarek, das ist ein Nationalpark in Nordschweden, mit dem zweifelhaften Beinamen „Europas letzte Wildnis", in dem es keine zugänglichen Hütten gibt und die Markierungen der Wanderwege aus früheren Jahren und Jahrzehnten – aus der über hundertjährigen Zeit des Bestehens des STF (= Svenska Turistföreningen = schwedischer Touristenverein) schon längst nicht mehr erneuert werden. Nur noch selten trifft man auf verblasste, kaum mehr erkennbare Markierungen.

Der STF wurde 1885 von einer Gruppe Akademiker in Uppsala gegründet und hatte als erste große Aufgabe, das Gebirge für Touristen zugänglich zu machen. Schon 2 Jahre später wurden die ersten Pfade markiert. 1899 wurde die Planung für den mittlerweile klassischen Wanderweg Kungsleden zwischen Abisko und Kvikkjokk in Angriff genommen.

Im Jahre 1888 wurde die erste Gebirgshütte gebaut – am Ufer des Varvekälven zwischen Kvikkjokk und Sulitelma. Nach und nach kamen weitere Hütten hinzu. Neben Übernachtungsmöglichkeiten wurden an den großen Seen Ruderboote zur Verfügung gestellt, wenn der Pfad die Überquerung des Gewässers vorsieht. In den entlegensten Gebieten sorgte der STF sogar für Dolmetscher.

In den 125 Jahren seines Bestehens hat der STF ein Netz von Gebirgsanlagen entwickelt, das sich entlang der Pfade über große Teile der Bergketten erstreckt. 10 Fjällstationen und 43 einfache Gebirgshütten befinden sich an den Pfaden jeweils etwa eine Tagesetappe voneinander entfernt.

Zwei zum ersten Mal im Sarek

In ganz Schweden verfügt der STF über 400 Gästehäuser, Hotels, Fjäll-stationen und Gebirgshütten. Nach 74 Mitgliedern im ersten und 89 im zweiten Jahr, ist die Mitgliederzahl bis heute auf über 300 000 gestiegen.

Der Sarek wird von der schwedischen Nationalparkverwaltung in seiner Ursprünglichkeit belassen und es wird alles vermieden, was Besucher anlocken könnte. Mehr noch: in Verlautbarungen offizieller schwedischer Stellen wird der Sarek als wild und gefahrvoll beschrieben (s. Anhang dieses Buches). Ob das alles so für bare Münze zu nehmen ist, sei dahingestellt. Diese Darstellungen haben aber auch den Zweck, unzureichend ausgerüstete Wanderer, die man unter Umständen aufwändig retten muss, von vornherein abzuschrecken.

All diesen Reden zum Trotz haben wir uns anhand der topographischen Landkarte eine Route durch die Täler dieses gebirgigen Nationalparks erarbeitet. Der Plan umfasst eine Strecke von etwa 150 km, für die wir maximal 20 Tage Zeit haben.

Der Sarek ist eine Hochgebirgsregion mit für Skandinavien untypisch steilen, schroffen Gipfeln und Gletschern. Bergwanderer haben nur die Chance, sich in den tief eingeschnittenen Tälern zu bewegen und sich so den Sarek zu erschließen. Gleichwohl sind hier eine Menge individueller Routen, sowohl Durchquerungen als auch Rundtouren möglich. Dabei ist eigentlich „nur" zu beachten, dass es hier – wie erwähnt - keinerlei touristische Einrichtungen und Hilfen gibt. Auch rettungstechnisch wird man nicht gerade verwöhnt; gerade mal 2-3 Hilfstelefone (*Hjälptelefon*) sind auf dem gesamten Nationalparkgebiet verstreut.

Daraus folgt, dass als unumgängliche Aspekte ausreichende Verpfle-gung und angemessene (=gute) Ausrüstung auf den Plan treten. Je länger der geplante Aufenthalt hier dauern soll, desto mehr wächst etwa das Proviantpaket. Gemäß Faustformel rechnet man mit 1 kg pro Mann und Tag. So bräuchten wir bei geplanten 20 Marschtagen nur schlappe 40 kg (!) Lebensmittel. Diesem Wert werden wir uns mehr oder weniger annä-hern und die Differenz als körpereigene, bereits vorhandene Reservoirs einbringen, die am Ende der Wanderung hoffentlich aufgezehrt sein wer-den und wir als Adonisse zurückkehren werden.

Mit den Lebensmitteln allein ist es freilich nicht getan. Die notwendige Ausrüstung trägt nicht unwesentlich zur Gesamttonnage bei. Unerlässlich sind guter Rucksack, dauerregentaugliches Zelt, strapazierfähige Schuhe, funktionelle Bekleidung, Kocher, topographische Karten (*Nya Fjäll-kartan; Maßstab 1:100.000*) sowie die eine oder andere Kleinigkeit.

So erreichen wir ohne große Anstrengung die 75 kg-Marke und schließlich hat jeder sein 38-kg-Päckchen zu tragen. Ich höre schon wieder die Stimmen, die sagen „das geht auch mit weniger Gewicht" und minutiös mit 10 g hier und 20 g dort jonglieren. Diese Vorgehensweise ist in meinen Augen stark zu relativieren. Wenn ich eine Himalaya-Expedition starte und das weiße Haupt des Mount Everest streicheln möchte, sind solche Überlegungen vielleicht angebracht. Bei einer „normalen" Trekking-Tour deutlich unterhalb der Höhenbereiche, in denen die Luft immer dünner wird, halte ich solche Rechnereien für akademisch. Meines Erachtens sind es eh nur zwei Dinge der Ausrüstung, an denen wir möglicherweise Gewicht einsparen könnten, nämlich Zelt und Schlafsack. Statt des großen 4,5 kg schweren Zeltes hätten wir sicherlich ein kleineres wählen können. Dann hätten wir an dieser Stelle vielleicht 2 kg gespart, d.h. 1 kg für jeden. Doch um welchen Preis? Die Rucksäcke hätten nachts ausquartiert werden müssen, eine zusätzliche Plane hätte mitgenommen werden müssen und bei Zwangsaufenthalten im Zelt (z.B. bei Dauerregen) hätte man sich eher früher als später die Knochen verbogen.

Ein ähnliches Ergebnis wäre bei Wahl eines superleichten, entsprechend kostspieligen Schlafsacks herausgekommen. So könnte man das Rucksackgewicht pro Kopf um heldenhafte 2 kg verringern. Dieser Unterschied ist in meinen Augen marginal. Wenn ich 36 Kg tragen kann, dann kann ich auch 38 kg tragen, insbesondere dann, wenn ich mir damit z.B. einen wesentlich höheren „Komfort" hinsichtlich der Behausung erkaufen kann. Meine Erfahrung aus mehreren Trekking-Touren hat gezeigt, dass unser Gepäck für die geplante Tour angemessen und nicht übertrieben hoch ist.

Wir werden an der großen STF Station Saltoluokta beginnen, etwa 4 km lang dem sehr bekannten Wanderweg Kungsleden (Königsweg) folgen, dann hart nach Westen abbiegen, entlang des Sees Pietsaure am nördlichen Rand des Sarek marschieren, um dann einzutauchen in das magische Land. Wir planen, das Tal Kukkesvagge in nordwestliche Richtung zu durchwandern, an dessen Ende den Berg Niak zu umrunden, durch das fast parallel laufende Tal Ruotesvagge wieder in Gegenrichtung zu laufen und weiter durch das sich anschließende Rapadalen bis zum südöstlichen Rand des Sarek zu gelangen (*s. Skizze auf S. 7*).

Dort wartet das malerische Delta, das der Rapaätno, der Fluss Rapa, dort geschaffen hat auf uns. Am See Laitaure, in den sich der Rapaätno ergießt, liegt wieder eine STF-Station auf dem Königsweg, nämlich die Station Aktse. Über Aktse erhebt sich der Berg Skierfe mit einer 700 m hohen, senkrecht abfallenden Wand. Steht man an deren Rand, öffnet sich das gesamte Rapadelta vor den Augen des Betrachters in seiner ganzen Schönheit. Das Panorama dieses Naturschauspiels wollen wir uns ebenfalls erarbeiten.

Schließlich sind es dann von Aktse noch etwa 30 km Richtung Norden zurück zum Ausgangspunkt Saltoluokta, wo die Tour nach insgesamt 130 km ihr Ende finden wird.

Steilwand des Skierfe;
im Hintergund der Klotz des Nammatj

Zwei zum ersten Mal im Sarek

Mittwoch – Freitag, 21.–23. Juni – Anreise + 1. Etappe

Am Mittwoch, kurz vor Mitternacht, beginnt für mich die Anreise. Ich verabschiede mich von meinen Lieben, wobei ich mich fühle wie zwischen Skylla und Charibdis. Einerseits möchte ich gerne bei meiner Familie bleiben, andererseits lechze ich nach der weiten Natur im Hohen Norden, fernab aller Segnungen der Zivilisation.

Schließlich siegt der Egoist in mir.

Ein Taxi bringt mich zum Bochumer Hauptbahnhof, von dem aus ich per S-Bahn nach Dortmund fahre, wo ich mich mit Jens treffen werde. Erst am dortigen Hauptbahnhof werden wir in den „richtigen" Zug Richtung Lappland im Hohen Norden einsteigen. Insgesamt werden wir gut 35 Stunden auf der Schiene sein.

*

Der kleine Bahnhof im lappländischen Städtchen Gällivare in der nordschwedischen Provinz Norbottens Län hat sich äußerlich wenig verändert. Der kleine Kiosk nebenan ist noch immer da; die Fassade des Bahnhofs ist noch so wie ich sie in Erinnerung habe. Nur im Inneren ist es etwas heller und moderner geworden. Die vom Boden bis zur Decke reichende Landkarte, die einen Teil des Kungsleden abgebildet hatte, ist verschwunden. Eine weiß tapezierte Nische lässt ahnen, wo sie sich mal befunden hat. Bei Betrachtung der Nische sehe ich die Landkarte vor meinem geistigen Auge und muss amüsiert lächeln bei der Erinnerung an den kleinen, nicht mehr ganz nüchternen Samen, der damals Oliver und mir durch Abmessen einiger Spannen auf der Karte glaubhaft machen wollte, dass die Strecke Abisko - Kvikkjokk (ca. 180 km) eine Sache von lediglich „five days" sei. Später im Zug war er dann über seiner Pizza eingeschlafen und der Schaffner hatte ihm noch die Schuhe ausgezogen, damit er bequemer auf den Sitzen liegen konnte.

Jetzt sitze ich mit Jens etwa 100 km nördlich des Polarkreises in der kleinen Bahnhofs„halle" und schaue mit gemischten Gefühlen aus dem Fenster. Nieselregen hat eingesetzt und lässt die Straßen glänzen. Ich scheue mich fast, nachher die knapp 30 m zur Bushaltestelle zurücklegen zu müssen. Insgeheim befürchte ich, dass Jens' euphorische Erwartungen durch den Regen drastisch gedämpft werden. Nicht umsonst hatte ich im Vorwege zu dieser Wanderung immer wieder betont wie unberechenbar das Wetter hier oben ist und dass man schon dankbar sein muss, wenn es nur trocken bleibt. Nun nieselt es bereits bei der Ankunft, nach über 35 Stunden Bahnfahrt.

Zwei zum ersten Mal im Sarek

Zwei in graues Wanderzeug gehüllte Gestalten treten aus dem Bahnhof gegenüberliegenden kleinen Hotel und bewegen sich ebenfalls auf das Wartehäuschen der Bushaltestelle zu. Wie sich herausstellt, hat das Mittvierziger Ehepaar dasselbe Ziel wie wir: die Fjällstation Saltoluokta am Langas-See, dem östlichen Ausläufer des langgestreckten Akkajaure. Die Wartezeit bis der Bus eintrifft wird durch den üblichen Wanderer-Smalltalk (woher-wohin-wie lange kommt bzw. geht man) überbrückt. Schließlich sitzen wir alle im Bus. Die letzten 1 ½ Stunden der insgesamt 38-stündigen Anreise brechen an. Jens und ich sitzen in der ersten Reihe und bewundern die abwechslungsreiche Landschaft: Nadelwälder, Birkengehölze, sanfte Hügel und dazwischen – wie ausgeschüttet – kleinere Seen und Sümpfe. Gegen Ende der Fahrt herrscht moorfeuchte Taiga vor, in der nur vereinzelte Krüppelbirken ihr Dasein fristen.

Der Regen lässt erfreulicherweise nach und als wir den Parkplatz am Bootssteg Kebnats für die Fähre rüber zur STF-Station Saltoluokta erreichen, hört er ganz auf. Sogar die Sonne bricht etwas durch.

Während der Viertelstunde, die wir auf das Boot warten, sammeln sich langsam etwa 20 Personen, die alle über den See wollen. Einige, so wie wir, mit vollem Marschgepäck, andere wiederum sehen so aus, als wenn Sie von einem Spaziergang oder Tagesauflug zurückkehrten.

Die Station Saltoluokta ist eine der neun großen Bergstationen des STF und vielleicht die Traditionsreichste.

Die Gebirgshütten des STF liegen an landschaftlich schönen Stellen im Abstand von etwa 10 bis 20 km an gut gekennzeichneten Sommer- und Winterwegen. Die Hütten verfügen über einen einfachen, aber ausreichend bequemen Standard und sind für Selbstversorger vorgesehen. Hier gibt es weder Strom noch fließend Wasser. Die Versorgung mit Frischwasser findet mittels handlicher 12-l-Edelstahleimer statt. Jeder Hüttengast ist angehalten, für das Allgemeinwohl mit zu sorgen. Das gilt z.B. auch für die Schmutzwasserbeseitigung, was hier mit SLASK bezeichnet wird und wofür es einen besonderen Entsorgungsort gibt, der entsprechend gekennzeichnet ist. Aber auch Holz hacken gehört dazu, wenn man den hütteneigenen Ofen benutzen möchte.

Die Hüttenstationen sind unterschiedlich groß. Das eine Mal ist es nur eine einzige einsame Hütte. Das andere Mal ist es ein Komplex mehrerer Hütten, von denen unter Umständen eine den kleinen Proviantshop beherbergt, der vom Stugvard (Hüttenwart) verwaltet wird.

Mitunter gibt es auch Hütten, in den Proviant vorrätig ist, der auf Good-Will-Basis verkauft wird. Das heißt, dass man das Geld für die Waren in einen Umschlag steckt und diesen in einen schweren, gusseisernen Behälter (Safe) einwirft.

Im Gegensatz zum Hüttensystem des norwegischen DNT (Den Norske Turistföreningen) ist in Schweden mindestens eine Hütte IMMER geöffnet. Bei den Norwegern sind die Hütten in der Regel verschlossen – man muss sich einen Schlüssel besorgen. Entweder bei der Zentrale des DNT in Oslo oder bei einer regionalen Vertretung (das kann auch einfach ein Bauernhof sein). Vermutlich haben die Norweger Schiss, dass man ihnen die Plumpsklodeckel klaut – anders kann ich mir diese Vorgehensweise nicht erklären.

Saltoluokta ist verkehrsgünstig gelegen und wird bereits seit 1912 von Wanderern – mittlerweile aus aller Welt – besucht, die diese wunderschöne Station für Ausflüge in den Sarek und benachbarte Nationalparks oder als Basislager für Ausflüge auf eigene Faust nutzen. Neben der Möglichkeit, sein Zelt in direkter Umgebung der Station aufzubauen, kann man hier auch in festen Wänden in mehreren Gästehäusern oder auch im 100jährigen Haupthaus übernachten. Als besonderes Schmankerl gibt es auf dem Gelände sogar eine kleine Sauna mit Panoramafenster und ungehemmtem Blick auf den See Langas.

Erst im Inneren des Bootes realisiere ich langsam, dass wir tatsächlich angekommen sind. Kaum hat das Fährboot über den See am jenseitigen Ufer angelegt, sprinten wir schon die ca. 200 m bis zum Haupthaus der Station hoch. Dort muss ich meinen Rucksack erstmal marschbereit herrichten: die Außentaschen werden angebracht, Schlafsack und Isomatte in wasserdichten Packsäcken außen befestigt, die Wasserflasche gefüllt und verpackt, die Zeltstangen sinnvoll an den Seiten angebracht - und schon könnte es losgehen.

Der leichte Wind riecht nach Freiheit und endloser Weite. Jetzt weiß ich – ich bin wieder im Land meiner Träume. Doch noch nehmen wir die letzte Chance auf einen Postkartengruß an die Lieben daheim wahr und starten genau um 13:00 h ins Abenteuer.

Zwei zum ersten Mal im Sarek

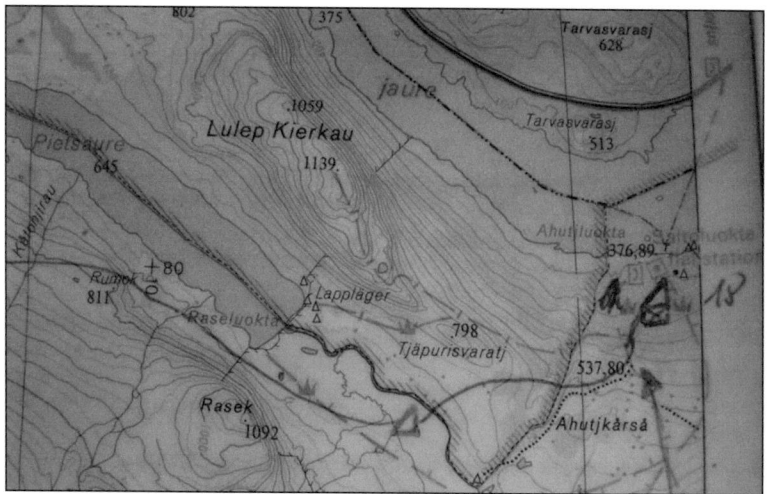

1. Etappe: *Saltoluokta - Pietsaure*
ca. 5 km; von 375 auf ca. 700 m

Als maximales Etappenziel haben wir uns für den ersten Tag das Erreichen des Sees Pietsaure vorgenommen. Das sind etwa 6 km Luftlinie. So stiefeln wir denn auch frohen Mutes über einen zunächst gut gangbaren Weg los. Schließlich folgen wir ja auf dem ersten Stück unserer Tour dem Königsweg, der auf dem ersten Kilometer ein breiter, ausgetretener Waldweg ist. Überall sind Baumwurzeln von Wanderstiefeln und erodierenden Regenwassern von der dünnen Erdschicht befreit worden und machen das Vorankommen beschwerlich. Ich fühle mich trotzdem unglaublich gut. Es ist so lange her, dass ich zuletzt durch diese Luft, den leichten Niesel und diese weite Natur gelaufen bin.

Wieder kommt mir der Ausspruch des Kameramanns Dietrich B. Sasse in den Sinn, der in den 40er Jahren sagte: „Wer einmal in Lappland gewandert, ist seinem Zauber verfallen. Er kann den Bann nur brechen durch seine Wiederkehr."

Wie wahr! Wie wahr!

Es geht ständig bergauf, stellenweise sogar ganz schön steil. Dieser erste Tag fällt mir so schwer wie nie. Nur Mörtelsäcke zu schleppen ist doch keine geeignete Methode der Vorbereitung für eine solche Wanderung. Jens dagegen ist gut drauf und flitzt vorneweg. Na, ich hoffe, dass ich mich bald eingewöhnt haben werde.

Der Abzweig zum Pietsaure ist nicht so leicht zu finden. Einmal folgen wir einem Wegweiser, sind dann aber der Meinung, dass er uns zur falschen Seite des Zuflusses zum See führen würde. Wir befinden uns noch in der Baumzone, in der die zahlreichen Krüppelbirken keinen weiten Überblick zulassen. Also gehen wir ein Stück zurück, folgen wieder dem Königsweg und nehmen dann einen unserer Meinung nach besser geeigneten Abzweig nach Westen. Der Pfad verliert sich irgendwann zwischen zahlreichen Wildwechseln, so dass wir dann doch vom Kompass Gebrauch machen und damit die Richtung bestimmen.

Wir durchqueren einen ca. 50 m breiten Sumpf – feucht, feucht, feucht – und erklimmen ein kleines verharschtes Schneefeld am gegenüberliegenden Abhang. Langsam wird der Nieselregen stärker, bis wir endlich den Autsutjåkkå – den Zufluss des Pietsaure – erreichen. Der See selbst ist noch etwa 2-3 km entfernt, der heftiger fallende Regen allerdings hautnah. Wir beschließen, den 10-15 m breiten Fluss zu durchwaten und am jenseitigen Ufer das Zelt aufzubauen.

Eiskaltes Wasser umfängt die Füße mit festem Griff, reicht aber glücklicherweise nur bis unters Knie. Die ziemlich ebene und mit kleinen Steinen belegte Watstelle ist schnell geschafft. Mit noch immer eiskalten Turnschuhen an den Füßen wird das Zelt errichtet. Wir flüchten vor dem Regen hinein und machen es uns gemütlich. Dann wird gekocht.

Insgesamt gibt es für Jeden 2 Becher heiße Schokolade und 2 Becher Nudeln. Die Menge der Lebensmittelrationen ist aus meiner Sicht eingedenk früherer Wanderungen nicht knapp zu nennen. Schließlich schleppen wir einige Kilos durch die raue Botanik. Abgesehen von der notwendigen Ausrüstung in Gestalt von Zelt, Schlafsäcken, Isomatten, Kocher, Spiritus, einigen wenigen Kleidungsstücken und etwas Kleinkram machen die Lebensmittel einen Großteil der Gesamttonnage von gut 75 kg aus. So hat denn jeder sein Päckchen zu tragen und ist berechtigt, dabei Lust zu empfinden. Was natürlich kein Couchpotatoe jemals in den Bereich der Glaubhaftigkeit rücken würde. Dementsprechend deutlich sind die Kommentare aus dem persönlichen Umfeld: „Laufen? Im Urlaub?" „Und wo ist der Strand? Gibt's da keinen Strand?" „Na ja, und wenn ihr dann keinen Bock mehr habt, geht ihr halt in den nächsten Ort."

Ignoranten, einer wie der andere! Jetzt frage ich: „Ort? Welcher Ort?" Jenseits von Gällivare kommt in Richtung Westen nichts, was über eine kleinere Siedlung hinausgeht. Und die Straße, die von Gällivare bis

Ritsem entlang des gestauten Akkajaure führt, durchschneidet nichts als menschenleere Natur. Die Zivilisation erscheint hier bestenfalls als Hüttenstationen des STF auf den markierten Wanderwegen.

In angenehmen Abständen errichtet, erleichtern diese mehr oder weniger luxuriös ausgestatteten Hütten eine Wandertour immens. Allein die bloße Existenz der Hütten erlaubt z.B. den Verzicht auf insgesamt etwa 10 kg ZeltSchlafsackIsomatteKocherSpiritus. Bedient man sich der strategisch verteilten Proviantshops, in die man in manchen bewirtschafteten Hüttenstationen einfallen kann, so kann man sich an allerlei kulinarischen Köstlichkeiten laben, die dort angeboten werden: Knäckebrot, Käse in Tuben, Leberwurst in Tuben, Tütensuppen... – eben alles, was zwar kaum verderblich ist, jedoch über die geschmackliche 5%-Hürde nicht signifikant hinaus kommt. Immerhin könnten wir durch Nutzung dieser hervorragenden Logistik bestimmt 25 kg Lebensmittel zu Hause lassen.

Diese Möglichkeiten bietet der Sarek nicht. Und das ist auch gut so. Andernfalls würde dieses in weiten Teilen ursprüngliche Gebiet eher über kurz als über lang seinen einzigartigen Charakter verlieren. Jens und ich sind ja nur zwei von ca. 3000 Besuchern, die sich während eines Jahres im Sarek tummeln. Von daher ist es schon empfehlenswert, den Zustrom durch ein Nicht-Angebot von Annehmlichkeiten zu reduzieren. Wer sich dann immer noch die Mühe macht, im Sarek zu wandern, weiß dann auch, warum er es tut.

Über diesen kleinen Exkurs hat es sogar aufgehört zu regnen. Es ist aber noch sehr bewölkt und die Temperatur beträgt jetzt am „Abend" 11 Grad Celsius.

Etappe	Strecke km	Meter auf + ab	Start Level	Ende Level	Gipfel, Flüsse, Seen am Wegesrand
1	5	325	375	700	Fjällstation Saltoluokta Tjapurisvaratj (798 m) Lulep Kierkau (1139 m) Lappläger See Pietsaure
Kumulierte Werte	5	325			

Zwei zum ersten Mal im Sarek

Samstag, 24. Juni , 2. Tag

In den letzten Tagen dachte und dachte ich an des Nordlandsommers ewigen Tag.

Knut Hamsun

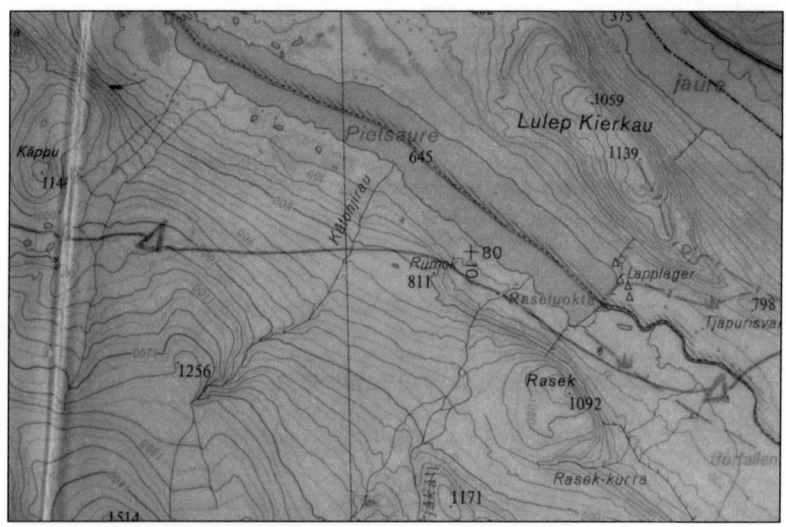

2. Etappe: *Pietsaure – Nordflanke Vuoures
ca. 8 km; von 700 auf ca. 1040 m*

Die Nacht war hell. Das Phänomen der Mitternachtssonne ist immer wieder beeindruckend. Für uns Mitteleuropäer ist es kaum vorstellbar, dass es einfach nicht dunkel wird. „Nachts" ist es so hell wie in der Heimat am späten Nachmittag. Dieser über Wochen andauernde, lange Tag lässt sich kaum beschreiben. Man muss ihn und das langsam schwindende Zeitgefühl, hervorgerufen durch das völlige Fehlen von wechselnden Hell- /Dunkelphasen, selbst erfahren. Am nördlichen Polarkreis (66 Grad und 33 Minuten nördlicher Breite) steht die Sonne zur Sommersonnenwende (etwa 21. Juni) rund um die Uhr über dem Horizont. Je weiter nördlich man sich befindet, desto länger scheint die Mitternachtssonne.

Der heutige „Morgen" ist bewölkt, aber trocken. Wir lassen uns Zeit mit der Herstellung des Frühstücks – ein opulentes Mahl, bestehend aus einem Topf voll Müsli für jeden, Tee und Keksen – und dem Abbau des Zeltes. Den großen Fluss haben wir ja gestern schon überquert und so

sind wir der Meinung, einfach geradewegs am Seeufer marschieren zu
können.

Weit gefehlt. Ein stark mäandrierender Wasserlauf, zu breit zum Überspringen, zu tief um eventuell von Stein zu Stein hüpfen zu können, hält
uns ziemlich lange auf. „Ja, sag mal. Das gibt's doch gar nicht!" Jens
verzweifelt langsam. „Ohne Rucksack wären wir ruckzuck drüben, aber
mit dem Ding auf dem Rücken kannst du ja nicht springen."

„Also, irgendwas müssen wir uns einfallen lassen. Ich denke, je näher
wir zum See kommen, desto breiter wird dieser Zufluss werden." Dann
hat Jens den rettenden Einfall. „Wir schmeißen die Rucksäcke einfach
rüber und springen hinterher!"

Das isses. Wir suchen kurz nach einer geeigneten Stelle, an der die
Wahrscheinlichkeit gering ist, dass der soeben gelandete Rucksack ei-
genmächtig und unbeeinflussbar zurück ins Wasser rollt. Wir nehmen den
ersten Sack zwischen uns, schwingen ihn hin und her und übergeben in
auf „drei" einer hoffnungsvollen Flugbahn rüber ans andere Ufer. Es gibt
eine perfekte Punktlandung. Das Manöver wird fehlerfrei wiederholt und
anschließend kommen zwei menschliche Flugkörper ebenfalls gut und
trocken drüben an.

Auf dem weiteren Weg zum See begegnen uns Gruppen von Rentieren,
die hier in der Nähe einer Samensiedlung weiden. Manchmal folgen sie
uns neugierig, kommen aber nicht zu nah an uns heran.

In direkter Nähe des Seeufers kann man noch ganz gut gehen. Doch
dann müssen wir uns auf die Bergflanke linker Hand zu bewegen und
allmählich von 650 m bis auf 1000 m aufsteigen. Dabei werden voraus-
sichtlich mindestens 2 Gletscherbäche zu überqueren sein. Den ersten,
den Rumokjakatj, haben wir auch bald erreicht. Trotz intensiven Suchens
sogar bis zu seiner Quelle - ein großes Schneefeld, aus dem er als Wasser-
fall entspringt – finden wir hier leider keine Möglichkeit, den maximal 5
Meter breiten Wasserlauf trockenen Fußes zu überqueren. Die Steine
liegen entweder zu weit auseinander oder das Wasser ist so tief, dass man
keinen übergroßen Schritt riskieren kann oder die Strömung ist zu stark
oder es kommt alles zusammen. Also suchen wir eine Stelle, an der die
Strömung nicht ganz so stark ist und beenden die anschließende Wat mit
eisigen Füßen.

Und dann wird es für den Rest des Tages einfach nur fürchterlich. Fast
unmittelbar an den Fluss schließt sich ein übles Gelände an: ein nicht zu

umgehendes Geröllfeld mit riesigen Steinbrocken, durchsetzt mit zähen Weidenbüschen, die den Einsatz der Teleskopstöcke behindern und einem regelmäßig die Schnürsenkel an den Wanderschuhen aufziehen.

Die Kletterphasen über die Felsblöcke zehren an den Kräften. Und bei alledem geht es nur bergauf. Ich bin bald so erschöpft, dass ich alle 10 m zumindest mal kurz stehenbleiben muss, um auszuruhen.

Was ist los mit mir? Werde ich langsam alt? Und schwach? Dabei fühle ich mich als ‚Doppel-Twen' eigentlich noch relativ fit. Ich schiebe es schließlich auf die übliche 3-4 tägige Gewöhnungsphase. Das kaum erwähnenswerte Rucksackgewicht kann es doch nicht sein, oder? Ich tröste mich damit, dass Jens in diesem Gelände ebenfalls ganz schön schwitzt und keucht.

Der Bergsattel, den wir anpeilen, scheint immer weiter wegzurücken anstatt näher zu kommen. Irgendwann haben wir den Kaffee auf und beschließen, den nächsten Platz mit fließend Wasser (kalt und ganz kalt) zu nehmen und das Zelt zu errichten. Wir sind heute etwa 350 Höhenmeter aufgestiegen. Das Gelände war verdammt urwüchsig. Etwas Wegähnliches hat es absolut nicht gegeben - dabei haben wir die Nationalparkgrenze zum Sarek noch gar nicht passiert. Die liegt per Luftlinie mindestens noch 6 km entfernt, hinter dem Berg Vuoures, an dessen Nordflanke wir uns heute ausgiebig ausgetobt haben.

Das Zelt steht auf einer Höhe von 1000 m. Eigentlich wollten wir den Durchgang zwischen den Bergen Vuoures und Käppu erreicht haben, der durch eine kleine Ansammlung winziger Seen gekennzeichnet ist. Leider sind sie weit und breit nicht zu sehen. Die zweidimensionale Eindeutigkeit der topographischen Gegebenheiten lässt sich nicht immer 1:1 in die natürliche Umgebung übertragen. So treibt der eine oder andere jähe Faltenwurf im Gelände schon mal einen Keil des Zweifels in unsere ansonsten unerschütterliche Sicherheit über den weiteren Verlauf des einzuschlagenden Weges.

„Auch wenn von den kleinen Seen noch nichts zu sehen ist, ich meine, wir sollten trotzdem weiter auf diesen Berg dort zugehen. Das muss dieser Käppu sein und kurz vor ihm biegen wir links ab. Wirst schon sehen."

„Meinst du nicht, wir sollten schon hier weiter Richtung Westen abschwenken und auf diesen Kamm hier hinauf gehen? Von oben haben wir bestimmt einen besseren Überblick."

Zwei zum ersten Mal im Sarek

„Nee, bestimmt nicht. Ich kenne diese lappländischen Berge. Da kommst du nie „oben" an. Die Kante, die du da oben siehst ist mit Sicherheit noch nicht der Sattel. Außerdem müssen wir dann die 200 Höhenmeter, die wir jetzt raufstiefeln, auf jeden Fall sofort wieder runter. Ich halte das für Kräfteverschwendung, besonders, wenn ich mir dieses Geröll bis nach oben ansehe."

„Hmmh." Jens scheint nicht sehr überzeugt zu sein.

„Heute schaffen wir das sowieso nicht mehr. Laß' uns hier das Zelt aufbauen und nachher vielleicht einen Erkundungsgang machen", schlage ich vor.

So geschieht es denn auch und die Lagerroutine kann beginnen. Verdammich, wo sind diese Seen? Diese Frage lässt mir keine Ruhe. Später, als Jens schon schläft, und ich aus sextanermäßig blasentechnischen Gründen das Zelt nochmal verlassen muss, entschließe ich mich spontan zu einem kleinen ‚Midnight-Walk'. Es ist windstill, es herrscht eine angenehme Temperatur – und es ist hell. Ich hänge meine Kamera um und stiefele los in die von mir favorisierte Richtung. Die Karte habe ich ‚am Mann'. Das Gelände ist zunächst noch steinig bis ich nach einer knappen halben Stunde an einen Fluss gelange, der sich durch den felsigen Boden schlängelt. Ich bin mir sicher, hier das natürliche Pendant zu der dünnen blauen Linie auf der Karte vor mir zu haben. Dann dürften die kleinen Seen höchstens noch 500 m entfernt sein. Also, fix nachgesehen und dann zurück in den Schlafsack, oder?

Tja, oder auch nicht. Zuerst muss ich mal über den 3 – 5 m breiten Fluss gelangen. So steinig das Flussbett auch ist, bietet es doch erst nach langem Suchen einen watfreien von-Stein-zu-Stein-Übergang. Dafür wartet das jenseitige Ufer mit weichem Boden auf. Lässig schlendere ich in die nächste Senke und kann tatsächlich schon bald – nur wenige Steinwürfe entfernt – den ersten See ausmachen. Je näher ich diesem komme, desto mehr scheinen die Übrigen aus dem Boden zu wachsen. Diese Seen haben nur etwa 30 – 50 m im Durchmesser, wobei sie fast alle untereinander durch schmale Kanäle verbunden sind. Der Großteil der Wasserflächen ist noch nicht schnee- und eisfrei – einer ist sogar noch zur Hälfte von einem dicken Schneefeld bedeckt.

Je näher ich den Seen jetzt komme, desto steiniger wird das Gelände wieder. Und was sich da jenseits der Seen auf dem Weg ins Tal abzeichnet, wird Jens Gesicht morgen nicht gerade vor Freude strahlen lassen: ein

Meer von Steinen soweit das Auge reicht. Mir tun beim bloßen Anblick schon die Füße weh. Aber alles zu seiner Zeit. Morgen ist auch noch ein Tag.

Ich mache mich wieder auf den Rückweg, ohne weiter über das steinerne Meer zu grübeln. Vielleicht wachsen uns ja über Nacht Flügel oder ein anderes Wunder geschieht. Oder wir besinnen uns auf die eigene Stärke und marschieren ohne Weh' und Ach hindurch.

So gegen 1 Uhr morgens habe ich meinen kleinen ‚Midnight Walk' beendet. Ohne Hast schlüpfe ich ins Zelt, wo Schlafsack und Isomatte mich schon herzlich erwarten.

Die Steine können warten!

Geröllfeld um die 3 kleinen Seen

Etappe	Strecke km	Meter auf + ab	Start Level	Ende Level	Gipfel, Flüsse, Seen am Wegesrand
2	8	340	700	1040	Rasek 1092 m) Käppu (1144 m)
Kumulierte Werte	13	665			

Zwei zum ersten Mal im Sarek

Sonntag, 25. Juni , 3. Tag

(...) Milde Winde streichen lautlos gegen mein Gesicht. Seid gesegnet, sage ich zu den Winden, weil sie gegen mein Gesicht wehen, seid gesegnet; mein Blut beugt sich in meinen Adern in Danksagung an Euch!

Knut Hamsun

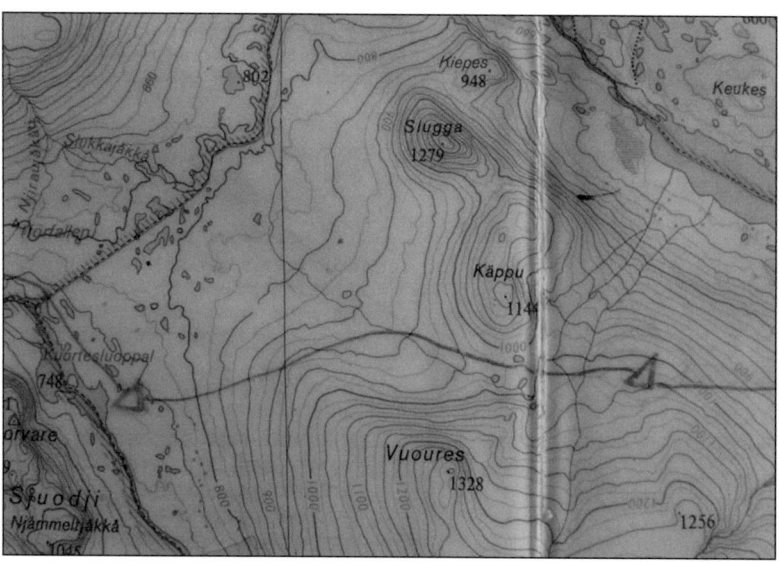

3. Etappe: *Nordflanke Vuoures – See Kuortesluoppal ca. 7 km; von 1040 auf ca. 750 m*

Wir starten bei gutem Wetter in Richtung auf die kleinen Seen. Ich verrate Jens, was ich des Nachts erkundet habe.

„Frohe Kunde, Jens. Bis zu den Seen ist es nicht mehr weit und es lässt sich ganz gut gehen.“

„Na, das ist ja schon mal was. Nach der Tortur gestern....“

„Tja, leider wird der Abschnitt danach wieder grauenhaft sein. Geröll ohne Ende.“

Dabei sieht gerade dieses Teilstück auf der Karte so schön einfach aus: ein sanfter Abstieg über gut 200 Höhenmeter auf einer Strecke von über 4 km. Ein „Spaziergang“ sollte es werden. Dem ist leider nicht so. Schon die unmittelbare Umgebung der Kleinen Seen ist so steinig, dass man hier noch nicht mal einen Platz fürs Zelt finden würde. Doch unterhalb der Seen ist es – jenseits der übelsten Erwartungen – noch schlimmer. Ein trostloses Meer aus Steinen tut sich vor uns auf. Ich kenne solche schier endlosen Geröllfelder, nach deren erfolgreicher Durchquerung man glaubt, frisch püriertes Tartar an Stelle der Füße in den Schuhen zu haben. Mir graust davor! Doch was sollen wir machen? Es gibt keine Ausweichmöglichkeit. Also, Augen zu und durch! Lerne leiden, ohne zu klagen. Los geht's. Die Richtung ist klar – zwischen Käppu und Vuores hindurch und dann halblinks auf den Niento zu. Gar nicht zu verfehlen.

Der edle Faltenwurf in der Erdkruste macht uns ziemlich zu schaffen. Trotz der stetigen Abwärtsbewegung müssen wir dennoch das eine oder andere eingeschobene Hügelchen überwinden. In unserem jugendlichen Leichtsinn hatten wir ernsthaft erwogen, heute die Brücke über den Kukkesvaggejåkkå, die „Brücke in den Sarek", zu erreichen. Das wäre zwar eine Strecke von 14 – 16 km gewesen, aber bei Betrachtung der Topographie hatten wir tatsächlich eine hohe Streckenausbeute erwartet. Die Wirklichkeit sieht leider etwas anders aus. Nach etwa 8 km war die Luft raus. Der Berg Niento, hinter dem sich die Brücke befindet, weigert sich hartnäckig, näher zu rücken. Es zieht und zieht sich ohne Ende hin. Schließlich schlagen wir das Zelt am Ufer des Kuortesluoppal auf, einem von mehreren Seen einer Seenkette, die letztendlich den Fluss Sitoätno speist.

Als kleinen Trost meint es der Wettergott heute ganz besonders gut mit uns. Warmer Sonnenschein aus teilweise wolkenlosem blauem Himmel lädt zum Verweilen draußen auf der Isomatte ein. Während ich völlig ermattet genau da liege, baut Jens an „Kartoffelpüree mit Champignons", begleitet von beidseitig angebratenen Salamischeiben. Ein echtes Gedicht, nachdem wir uns alle Finger lecken. Vor allem deshalb, weil wir die fettige Salami mit den Fingern essen.

Erstaunlicherweise belästigt uns keine Mücke. Dieser Umstand und das schöne warme Wetter verleitet Jens zu einer Ganzkörperwaschung im See und mich zu einer fälligen Haarwäsche. Erst als wir im Anschluss daran wieder draußen liegen, greifen die Schweinemücken geschwadermäßig an. Na schön, gehen wir halt doch ins Zelt und lassen den Tag ausklingen. Nicht jedoch, ohne die weitere Route zu besprechen.

Angesichts des schleppenden Tempos der letzten Tage, auch hervorgerufen durch das ätzende Gelände, werden wir die Route ändern. Statt wie geplant ab der Brücke Richtung NNW durch das gesamte Kukkesvagge zu gehen, an dessen Nordende den Berg Niak zu umrunden und dann quasi parallel Richtung SSO durch das Ruotesvagge wieder zurück zu laufen, wollen wir jetzt ab der Brücke westlich weitergehen, an der Pielastugan (stuga = Hütte) vorbei und dann ins Rapadalen absteigen. Wir befürchten nämlich, bei der ursprünglichen Tourenplanung in zeitliche Bedrängnis zu geraten, weil es bei dem beschriebenen „Schlenker" um den Berg NIAK herum keine Möglichkeit gibt, diese 50 km im Bedarfs-fall abzukürzen. So entscheiden wir uns für eine drastische Beschneidung der Route, was den Effekt hat, dass wir die kürzeren Etappen beibehalten können, anstatt wie geplant täglich etwa 10 km zurücklegen zu müssen.

Geröllfeld hinter den 3 kleinen Seen

Etappe	Strecke km	Meter auf + ab	Start Level	Ende Level	Gipfel, Flüsse, Seen am Wegesrand
3	7	290	1040	750	Vuores (1328 m) Slugga (1279 m)
Kumulierte Werte	20	955			

Montag, 26. Juni – 4. Tag

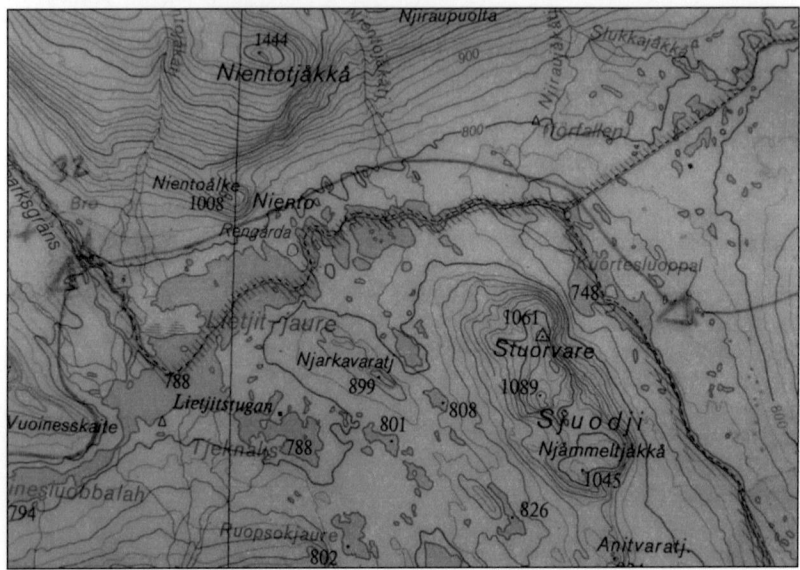

4. Etappe: *See Kuortesluoppal – Insel im Kukkesvaggejåkkå
ca. 9 km; von 750 auf ca. 788 m*

Irgendwann heute „Nacht" fing es an zu regnen. Mitunter sogar recht heftig. Darum haben wir es am Morgen nicht so eilig, aus den Schlafsäcken zu kommen. Während unserer ausgedehnten Aufwachphase lässt der Regen tatsächlich nach und erstirbt bald ganz. Jetzt stehen wir marschbereit unter zwar noch immer bewölktem, aber dennoch trockenem Himmel. Heute wollen wir die Brücke über den Kukkesvaggejåkkå im Kukkesvagge erreichen, die „Brücke in den Sarek". Das Kukkesvagge bildet in dieser Gegend die Nationalparkgrenze.

Wir starten kurz nach Mittag. Nach etwa 10 Schritten stehen wir mitten im Sumpf. Kaum, dass wir den umgangen haben, bringt ein breiter Wasserlauf die gerade schwungvoll gestartete Tagesetappe erfolgreich wiederum ins Stocken. So geht es einige Male, bis wir endlich etwas an Höhe gewonnen haben. Aber jetzt haben wir dafür wieder mit dem edlen moränen Faltenwurf zu kämpfen, der uns ein ewiges Auf und Ab abnötigt. Das Trostpflaster dieser Plackerei ist, dass der Boden über weite Strecken durchaus gut zu begehen ist.

Zwei zum ersten Mal im Sarek

Ein echtes Hindernis bedeutet allerdings der Nientojåkkå, ein Gletscherbach, der jetzt in der Schneeschmelze reichlich Wasser führt. Da wir –wie immer - gerne trockenen Fußes hinüberkommen wollen, tigern wir eine ganze Weile am Ufer auf und ab, um einen Übergang „von Stein zu Stein" zu finden. Komplett negativ. Dort, wo die überspülten Steine etwas enger beieinander liegen, ist die Strömung einfach zu stark. Schließlich entscheiden wir uns doch für das Waten.

5 bis 6 Meter - Wasserstand halbe Wade – mehr ist es nicht. Ich werfe meine Schuhe einen nach dem anderen über den Fluss. Sie liegen schon gut und trocken am jenseitigen Ufer, als ein Platschen, gefolgt von einem lauten, etwas gezogenem „NEEEIIIIIIN!" mich von meinen Wat-Turnschuhen aufblicken lässt. Jens „Weitwurf" Schladitz hat es geschafft, seinen ersten Wurf so zu platzieren, dass der Schuh vom jenseitigen Ufer gemächlich abtropft und in Seitenlage schwimmend den hurtig durchs Wasser hüpfenden Jens erwartet. Glücklicherweise ist nicht all zu viel Wasser hineingelaufen.

Die weitere Route soll uns weiter um den Berg Niento führen. Von dort soll es über die Brücke gehen, und dann quasi wieder ein Stück zurück Flussabwärts, dem Kukkesvaggejåkkå folgend. Bei Anblick des Flusses etwa einen halben Kilometer voraus, der an mehren Stellen viele Steine aus dem Wasser ragen lässt, kommt mir ein verwegener Gedanke.

„He, Jens!"

„Hmmmh?"

„Wir müssen noch gut 1 km um den Niento herumlaufen bis wir zur Brücke kommen, und dann die gleiche Strecke am anderen Ufer wieder zurück. Wenn ich mir jetzt den Fluss dahinten so ansehe, mit den ganzen Steinen, die da aus dem Wasser ragen...."

„Und?!"

„Was hältst du davon, wenn wir uns die 2 km sparen, ab hier direkt auf den Fluss zu halten und versuchen, so rüber zu kommen. Sieht von hier aus gar nicht so schwierig aus."

Die Aussicht, etwas weniger Geröll treten zu müssen, erwärmt auch Jens für den Plan. So verlassen wir den Pfad quasi tangential, der sich mit einer scharfen Rechtskurve von uns verabschiedet und kreuzen das wilde Gelände, das mit zunehmender Annäherung an den Fluss erdreicher und feuchter wird. Bei Erreichen des Flusses müssen wir allerdings feststellen, dass die Steine erstens viel weiter auseinander liegen als erst angenommen, zweitens der Wasserstand doch ziemlich hoch und drittens die

Strömung beachtlich ist. Nach einigem Suchen fassen wir eine Stelle ins Auge, an der das Durchwaten möglich zu sein scheint.

An dieser Stelle seien einige Ratschläge des STF zum Thema „Waten" wiedergegeben, die man nicht leichtfertig in den Wind schlagen sollte:

„Entlang der gekennzeichneten Pfade gibt es an den größeren Gewässern meistens Brücken. Beim Wandern in unmarkierten Gebieten ist das Durchwaten eines der größten Gefahrenmomente. Durch die Kraft des strömenden Wassers kann der Wanderer das Gleichgewicht verlieren, und das eiskalte Wasser unterkühlt rasch Füße und Beine.

Gelangt man an ein Gewässer, das man nicht oder nur schwierig durchwaten kann, sollte man sich zunächst anhand des Geländes und der Karte orientieren, ob die schwierige Stelle nicht vielleicht umgangen werden kann, oder ob möglicherweise stromaufwärts der Übergang über mehrere kleine Bäche machbar ist, bevor diese sich vereinigen. Oder verbreitert sich der Fluss stromabwärts und wird dort flacher und weniger reissend?

Es kann auch sinnvoll sein, über Nacht einen niedrigeren Wasserstand abzuwarten. Wenn der Fluss aus Schneefeldern oder Gletschern kommt, ist der Wasserstand morgens, ehe die Sonne Schnee und Eis auftaut, in der Regel am niedrigsten.

Wenn dann doch gewatet wird, beachte Folgendes:

- Packe lose Gegenstände ein, die vielleicht am Rucksack hängen, damit Du sie nicht verlierst. Die Kamera solltest Du nicht um den Hals hängen.

- Öffne den Hüftgurt. Falls Du fällst, wirst Du so den Rucksack schneller los.

- Gehe über die breiteste Stelle. Dort ist es am flachsten und am wenigsten reißend.

- Wate nicht, wo das Wasser über Kniehöhe reicht.

- Wate nie ohne Schuhe. Die Füße werden im kalten Wasser gefühllos, und die Gefahr einer Verletzung ist groß. Benutze Gummischuhe oder Sandalen oder auch alte Turnschuhe.

- Ein Stab kann beim Waten eine wertvolle Stütze sein.

- Gehe schräg gegen die Strömung, damit die Füße beim Schreiten nicht so leicht abgetrieben werden.

- Gehe auf dem Grund und suche festen Stand! Auf Steinen zu balancieren kann unglücklich enden, falls Du auf einem glatten oder losen Stein das Gleichgewicht verlierst."

Zwei zum ersten Mal im Sarek

Hier ist der Fluss ca. 30 m breit. Die Fließgeschwindigkeit ist unterschiedlich. Im ersten Teil herrscht mäßige Strömung, im breiten Mittelteil gibt es flaches Wasser über reichlich kleinere Steine und im letzten Teil tiefes Wasser und starke Strömung. Ich ziehe Schuhe und Hose aus, die Watschuhe an und mache einen Testlauf. Der erste Teil ist wider Erwarten relativ einfach, der zweite auch. Im dritten Teil kommt es darauf an, dass der Po nicht nass wird. Denn sonst würde nachher der Rucksack im Wasser hängen. Das Wasser ist relativ kalt; aber nicht ganz so kalt wie das der Flüsse, die wir bis jetzt durchquert haben. Oder haben wir uns in diesen ersten Tagen schon dermaßen abgehärtet?

Hier im dritten Teil weist das Flussbett viele große Felsbrocken auf. Das ist nicht so toll. Darüber hinaus sind die Felsen wegen des sedimentreichen Wassers mit einer glitschigen Sedimentschicht überzogen. Beim Durchwaten muss man darauf achten, immer einen festen Stand zu haben. Den hat man aber sicher nur auf dem Grund des Flusses zwischen den großen Felsblöcken. Dort hat das Wasser aber auch seine größte Tiefe. Wenn man dann gezwungen ist, seinen Fuß auf einen großen Felsen zu setzen, gilt es, die Nerven zu behalten und bei festem Stand auf dem anderen Bein, den Fuß so lange über den großen Block rutschen zu lassen, bis der Stand auch auf dem Spielbein sicher ist. Erst dann darf das andere Bein nachgezogen werden. Dazu kommt dann noch die starke Strömung, die permanent am Gleichgewicht rüttelt. Ohne Wanderstab ist man hier verloren. Doch selbst mit den zwei Teleskopstöcken ist es ein schönes Stück Arbeit, sich gegen die Strömung zu drücken.

Ich finde tatsächlich einen Durchgang, der meine Unterhose nicht benetzt. Ich sehe Jens am anderen Ufer jubeln. Freudestrahlend will ich zurück, gerate durch die Strömung nur ein klein wenig weiter flussabwärts und versinke nach 3-4 Schritten plötzlich bis zur Brust in einem Loch. Glücklicherweise kann ich mich noch auf den Beinen halten. Etwas enttäuscht, versuche ich, weiter flussaufwärts einen besseren Übergang zu finden. Nass wie ich bin suche ich noch gute 20 Minuten weiter, dann gehe ich zu Jens zurück. Es gibt keinen besseren Weg. Wir beschließen, das Wagnis einzugehen und versuchen, das Loch zu vermeiden. Jens zieht sich komplett aus, ich bleibe wie ich bin, da ich ohnehin schon klatschnass bin. Nur meine Kamera will ich separat über den Fluss bringen. Die packe ich in einen wasserdichten Sack und lasse sie erst mal am Ufer zurück. Mit dem prallen Rucksackungetüm auf dem Rücken hat die Wat eine etwas andere Qualität als ohne Gepäck. Langsam tasten wir uns vorwärts, immer das Brausen des Flusses in den Ohren. Hüft- und Brustgurt sind geöffnet, so dass man sich im Falle eines Sturzes schnell des schweren Rucksacks entledigen kann, bevor man von diesem auf den Grund gezogen wird. Eine Stelle kurz vor dem rettenden Ufer wird noch etwas haarig, als ein Felsklotz plötzlich quer daliegt, den man kunstvoll halb umgehen und halb überklettern muss. Doch auch diese Hürde nehmen wir mit Bravour und guten Haltungsnoten. Wir schaffen es tatsächlich, auf dem optimalen Weg ans andere Ufer zu gelangen. Ich gehe noch mal zurück, hole meine Kamera und durchquere damit den Fluss zum sechsten Mal. Jetzt aber raus aus den nassen Schuhen. Meine Füße sind mittlerweile ziemlich gefühllos geworden.

Wir suchen noch ein schönes Zeltplätzchen, errichten die mobile Hütte und kaum, dass wir alles verstaut haben, beginnt der Regen.

Nach der Wat

Etappe	Strecke km	Meter auf + ab	Start Level	Ende Level	Gipfel, Flüsse, Seen am Wegesrand
4	9	38	750	788	See Kuortesluoppal Stuorvare (1061 m) Njammeltjakka (1045 m) ganz viele Seen
Kumulierte Werte	29	993			

Zwei zum ersten Mal im Sarek

Dienstag, 27. Juni – 5. Tag

Aber manchmal, wenn der Wind umsprang, konnten die Berge in der Ferne fast verschwinden, es ward Unwetter, Südweststurm, ein Schauspiel, bei dem ich Zuschauer war. Alles stand in Rauch. Die Erde und der Himmel wurden vermengt, das Meer tummelte sich in verrenkten Lufttänzen, bildete Männer, Pferde und zerfetzte Fahnen. Ich stand im Windschutz unter einem Felsen und dachte mir allerhand Dinge, meine Seele war gespannt.

Knut Hamsun

Heute habe ich nicht gut geschlafen. Daher weiß ich, dass es die ganze „Nacht" ununterbrochen geregnet hat. Mitunter mit einigen stürmischen Einlagen. Mittlerweile ist es später Vormittag und noch kein Ende abzusehen. Die Heftigkeit der Regenfälle schwankt; tendenziell wird es immer stürmischer. Irgendwann ist die Firstnaht des Zeltes nicht mehr 100%ig dicht. Ein paar Wassertropfen tanzen schon lustig auf dem Innenzelt. Wir hoffen nur, dass es nicht mehr werden. Das Geprassel des Regens auf die Zelthaut ist auf Dauer ganz schön entmutigend. Na ja, schau'n mer mal.

12:00 h – Jens schlägt vor, der Langeweile eine Unterbrechung zu bereiten und Kaiserschmarrn zu kochen. Um das Ergebnis gleich vorweg zu nehmen: wir werden es nicht nochmal versuchen. Der Kochvorgang als solcher misslingt mangels Fett: das fertige Produkt kann nur durch die reichhaltige Zugabe von Nuss-Nougat-Creme geschmacklich aufgewertet werden, wobei der optische Reiz überhaupt keiner ist.

17:00 h – immer noch Regen. Tendenz nachlassend. In einer Schauerpause rüsten wir uns, die Töpfe am Fluss zu spülen. Das bedeutet Schuhe an, Jacke an, Hut oder Mütze auf und los.
Für andere, ähnlich gelagerte Reinigungsvorgänge im weiteren Sinne, ist die gleiche Vorbereitung vonnöten. Während dieser Pup- und Pinkelpausen hatten wir inzwischen festgestellt, dass wir uns auf einer Insel im Strom befinden. Unsere heldenhafte Wat hat uns also gar nicht bis ans andere Ufer des Kukkesvaggejåkkå geführt. Der zweite Flussarm, den wir also noch überqueren müssen, ist durch die Regenfälle mittlerweile gut angeschwollen. Na, das wird was geben.

Alles nass!

<u>18:30 h</u> – wir haben 11 Grad und kochen wieder. Wir bangen um unseren Spiritusvorrat. Jens hat bei der letzten Brennerfüllung Markierungen an der Flasche angebracht. Die darauf basierende Hochrechnung ergibt, dass es bis auf einen Tag gerade reichen müsste. Vielleicht können wir im Rapadalen mal ein offenes Feuer in Gang setzen und wenigstens etwas Salami ankohlen und so einmal auf den Spirituskocher verzichten.

So, außer essen wird heute nichts mehr passieren. Wir hoffen, dass es morgen trocken sein wird, damit es weitergehen kann.

Zwei zum ersten Mal im Sarek

Mittwoch, 28. Juni – 6. Tag

(...) die Bergseiten waren nass und schwarz von Wasser, das an ihnen herunterrieselte, tropfte und rieselte mit der gleichen winzigen Melodie. Diese kleinen Melodien weit drinnen in den Bergen verkürzten mir manche Stunde, wenn ich dasaß und um mich blickte. Nun rieselt dieser kleine endlose Ton hier in seiner Einsamkeit, dachte ich, und niemand hört ihn, und niemand denkt an ihn, aber trotzdem rieselt er hier für sich die ganze Zeit, die ganze Zeit! Und es schien mir nicht mehr, dass das Gebirge so vollkommen öde war, wenn ich dieses Rieseln hörte. Ab und zu geschah etwas: ein Donner erschütterte die Erde, ein Felsblock löste sich und stürzte hinunter (...) einen Weg von Steinrauch hinter sich lassend (...).

Knut Hamsun

Insel - Westufer Kukkesvaggejåkkå
ca. 0,3 km; von 788 auf ca. 788 m

Es regnet noch immer. So langsam kann man kaum noch liegen, ohne dass es irgendwo weh tut. Halbstündlich luken wir aus dem Zelt, um die Großwetterlage zu begutachten. Das Ergebnis ist jedesmal gleich niederschmetternd.

Doch dann – gegen Mittag - beginnt der Zelthimmel zu leuchten und es wird plötzlich spürbar wärmer. Ein sofortiger Blick nach draußen bestätigt: tatsächlich – hie und da sind blaue Flecken am Himmel zu erkennen.

Zwei zum ersten Mal im Sarek

Der große Regen hat aufgehört – nach fast 48 Stunden. Jetzt geht es auf einmal rasend schnell. Die Sonne löst die Nebel auf; die Wolken, die bis vor einer halben Stunde noch tief bis ins Tal hingen, sind schnell verschwunden. Jetzt müssen wir tätig werden. Gestern haben wir schon bemerkt, dass der Fluss durch die Regenfälle angeschwollen ist.

Dieser Flussarm muss überwunden werden.

Heute hat er noch weiter zugelegt und ist teilweise über die Ufer getreten. Wir befinden uns in einer misslichen Lage auf unserer Insel im Strom. Nachdem wir am Montag die große Watstelle bezwungen und danach erschöpft das Zelt errichtet hatten, hätten wir noch einmal waten müssen. Durch den zweiten Flussarm bei normalem Pegel. Leider hatten wir zu dem Zeitpunkt nicht erkennen können, dass wir unser Zelt auf einer Insel aufgeschlagen hatten. Jetzt sitzen wir erstmal hier fest.

Die Insel ist ca. 400 m lang und spindelförmig. Die breiteste Stelle beträgt vielleicht 50 – 60 m. Unsere Aufgabe lautet nun, irgendwo einen Übergang zu finden. Fast überall stoßen wir auf Stromschnellen, mitunter mit einer reißenden Kraft.

Nur im unteren Teil der Insel beruhigt sich der Fluss, zeigt aber auch dort starke Strömungen. Hier beginnen wir mit der Suche. Eingedenk der vorgestrigen Furtsuche, die mit völlig durchnässten Hemden geendet hatte, sind wir diesmal schlauer. Wir gehen gleich als Flitzer los.

Zwei zum ersten Mal im Sarek

Ich teste den ruhig dahinfließenden Teil des Flusses. Nur mit Turnschuhen und Wanderstöcken bekleidet, platsche ich erstmal durch das Überschwemmungsgebiet bis zum eigentlichen Flussbett. Das Wasser ist stark sedimenthaltig, so dass man keine 5 cm tief blicken kann. Langsam taste ich mich hinein. Das Wasser reicht anfangs bis zur Wade, schnell bis zum Knie und ruckzuck bis zur Brust. Noch kann ich stehen und versuche, ein kleines Inselchen, mehr eine Sandbank in der Mitte des etwa 20 m breiten Flussbettes zu erreichen. Kurz davor verliere ich den Grund unter den Füßen und muss schwimmen. In der zweiten Hälfte hinter dem Inselchen ist es noch tiefer und es herrscht eine starke Strömung. Ich gehe zurück und probiere noch zwei weitere Stellen aus – aber ohne Erfolg. Etwas verkühlt laufe ich zu Jens zurück und ziehe meine Jacke über. Welch einen Anblick muss ich bieten!

Wir gehen weiter flussaufwärts bis zu den tosenden Stromschnellen. Direkt unterhalb der gischtenden Kaskaden verbreitert sich das steinige Flussbett von 10 auf 30 m. Jens versucht hier einen Weg durch die gemäßigten Stromschnellen zu finden. Zuvor haben wir vom Ufer aus einen möglichen Weg ausgeguckt, der bis auf eine nur wenig überspülte Felsplatte kurz vor dem jenseitigen Ufer führt. Von dort aus wären es nur etwa 2 m durch tieferes Wasser bis zur anderen Seite.

Doch Jens gelangt nicht einmal annähernd bis zu dieser Platte. Nach der ersten schon mit einiger Mühe zu bewältigenden Hälfte bietet ein schmaler Durchfluss zwischen einigen großen Felsbrocken ein nicht zu überwindendes Hindernis. Die Wassermassen werden mit solcher Gewalt durch diesen Engpass gedrückt, dass man nicht mal den Fuß auf den Grund setzen kann. Jens probiert es an anderen Stellen – leider immer ohne Erfolg.

Später suchen wir noch mal zu zweit, aber wiederum mit negativem Ergebnis. Und immer wieder rennen wir unter blauem Himmel und mittlerweile gestiegenen Temperaturen im Adamskostüm am Ufer auf und ab. Es hat keinen Zweck. Waten ist nicht. Die Watstelle vom Montag ist auch nicht mehr zu begehen. Sie ist durch die anhaltenden Regenfälle völlig unpassierbar geworden.

Der Weg zurück und doch noch über die Brücke zu gehen, bleibt uns somit verwehrt. Brainstorming ist angesagt.

Ich schlage vor, ein Floß aus Isomatten unter Verwendung von Wanderstöcken als Stabilisatoren zu bauen, einen Rucksack darauf zu packen und durch das ruhigere Wasser zu schieben. Jens bezweifelt die Tragfähigkeit der Konstruktion und während wir noch diskutierend den Weg zurück zum Zelt einschlagen, finden wir plötzlich ein paar armdicke alte Holz-pfähle, die schon ziemlich marode sind. Aber immerhin aus Holz. Wir überlegen, die Floßkonstruktion durch die Pfähle zu erweitern. Da uns nichts Besseres einfällt, wollen wir es versuchen.

Das ist die Watstelle von Seite 40

Die Pfähle werden sofort auf den zu einer Trage umfunktionierten Wanderstöcken zum Lager transportiert. Dort binden wir die Hölzer kunstvoll mit dem 20-m-Seil zu einem kleinen Floß – passend für einen Rucksack – zusammen. Dieses leicht wacklige Gebilde wird probeweise erstmal im Überschwemmungsgebiet zu Wasser gelassen und mit zwei gefüllten, wasserdichten Packsäcken beladen. Sofort herrscht deutlicher Tiefgang. Ein kompletter Rucksack würde das Floß wahrscheinlich au-genblicklich versenken.

Wir verfeinern die Konstruktion und erhöhen den Auftrieb durch An-bringen der beiden Isomatten. Darauf schnallen wir dann meinen Ruck-sack.

WOW – es schwimmt!

Es ist geplant, so weit es geht neben dem Floß zu gehen oder eben spä-ter nebenher zu schwimmen. Wir testen die erste Fuhre. Schon im ersten brusttiefen Teil, dort wo man noch stehen kann, haben wir Mühe, der Strömung Paroli zu bieten. Wir erreichen das Inselchen mit knapper Not und versuchen erst gar nicht den zweiten Teil, wo man nur noch schwimmen muss, in Angriff zu nehmen. Die Gefahr, den Rucksack zu verlieren und weit abgetrieben zu werden ist uns zu groß.

Also Kommando zurück – Brainstorming II. Jens schlägt vor, an einer schmalen Stelle das Seil über den Fluss zu spannen und die wasserdichten Packsäcke an Karabinerhaken herüber gleiten zu lassen. Auch nicht schlecht - machen wir!

Zu diesem Zweck rekrutieren wir aus dem nahegelegenen und zum Teil umgefallenen Rentierzaun, über den wir bei unseren Exkursionen gestolpert sind, zwei Metallpfähle, die wir zu einer Abgangsstation für unsere „Seilbahn" zusammenbinden.

Jetzt fehlt nur noch die Empfangsstation am anderen Ufer. Wir vereinbaren, dass ich hinüberschwimme, das von Jens herübergeworfene Seil in Empfang nehme, straff halte und die ankommenden Packsäcke abkopple, ausleere und wieder zurückgleiten lasse usw.

Soweit der theoretische Ansatz. Die Praxis sieht dann so aus: Ich schnappe meine Isomatte, einen Packsack mit Hemd und Hose darinnen und surfe über den Fluss. Die starke Strömung treibt mich ein wenig von der Ideallinie weg, aber ich komme wohlbehalten an und laufe – immer noch völlig nackt – zu unserer „Seilaktionsstelle". Jens schafft inzwischen sämtliches Gepäck so nah wie möglich an diesen Punkt heran. Näher als 25 – 30 m kommt er allerdings nicht heran, weil das Ufer um unsere Abgangsstation herum durch den anhaltenden Regen der letzten 2 Tage sehr sumpfig ist.

Ich ziehe mich rasch an und warte auf den zielsicheren Wurf der Leine. Na schön, es braucht zwar ein paar Anläufe, doch schon nach einer knappen halben Stunde ist das Seil drüben. Leider gibt es auf meinem Ufer nichts, aber auch gar nichts, woran man das Seil befestigen könnte. Ich muss es also permanent in den Händen halten.

Jens hakt als erstes den Zeltsack ins Seil und schickt ihn auf die Reise, die allerdings nach einem halben Meter unrühmlich endet. Dort baumelt der Beutel und rührt sich nicht. Kein Schwingen, kein Zuppeln, kein Schlagen bewegt die Last vorwärts. Das Seil ist zu nass, die Reibung einfach zu groß, um den Karabinerhaken rutschen zu lassen. Die anschließende Beratung wird immens erschwert durch das donnernde Getöse der Stromschnellen. Wir können uns über die 10 m Entfernung praktisch nur durch Zeichen verständigen. Nach langem Hin-und-Her sind wir uns darüber einig, das Seil so weit wie möglich zu verlängern und einen geschlossenen Kreislauf zu bilden. Etwa 5 m Schlauchband und 4 oder 5 Meterstücke Packriemen sorgen schließlich für eine ausreichende Länge.

Zwei zum ersten Mal im Sarek

Auf diesem Weg zerren wir die beiden Packsäcke, die von Jens aus den Rucksäcken befüllt und von mir auf einen Haufen geleert werden, wieder und wieder über die gischtenden Fluten. 20, 25 mal wiederholen wir diese kraftraubende Prozedur bis der gesamte Inhalt zweier Rucksäcke locker aufgehäuft neben mir liegt.

Dann folgt die letzte Fuhre. Jens entledigt sich seiner Klamotten und packt sie in den Sack, der wie gehabt rüber geholt wird. Dann lösen wir den Seilkreislauf auf und gehen – das Seil zwischen uns – flussaufwärts bis über die Stromschnellen. Jens bindet sich sein Seilende um die Brust, lässt sich ins tiefe Wasser gleiten und schwimmt hinüber, während ich gleichzeitig das Seil Hand über Hand einhole bis er auf meiner Seite aus dem Wasser klettern kann.

Fix und alle suchen wir noch einen Zeltplatz, schleppen allen Klüngel dorthin, bauen das Zelt auf und wollen jetzt nur noch ausruhen. Allein die Seilaktion hat 4 Stunden gedauert – bis kurz vor Mitternacht. Jetzt, um etwa 1 h, können wir uns endlich in die Schlafsäcke legen. Tröstlich ist nur, dass wir den ganzen Tag über allerbestes Wetter hatten. Die Abkürzung durch den Fluss hat uns zwar etwa 2 Kilometer Weg erspart, auf der anderen Seite hat sie uns letztlich einen ganzen Marschtag gekostet.

Aber dafür haben wir ein schönes Abenteuer erlebt – und das ist unbezahlbar.

Waten is' nich...

Zwei zum ersten Mal im Sarek

Donnerstag, 29. Juni – 7. Tag

Sommernächte und stille Wasser und unendlich stille Wälder. Kein Schrei, kein Schritt auf den Wegen mein Herz war voll wie von dunklem Wein.

Knut Hamsun

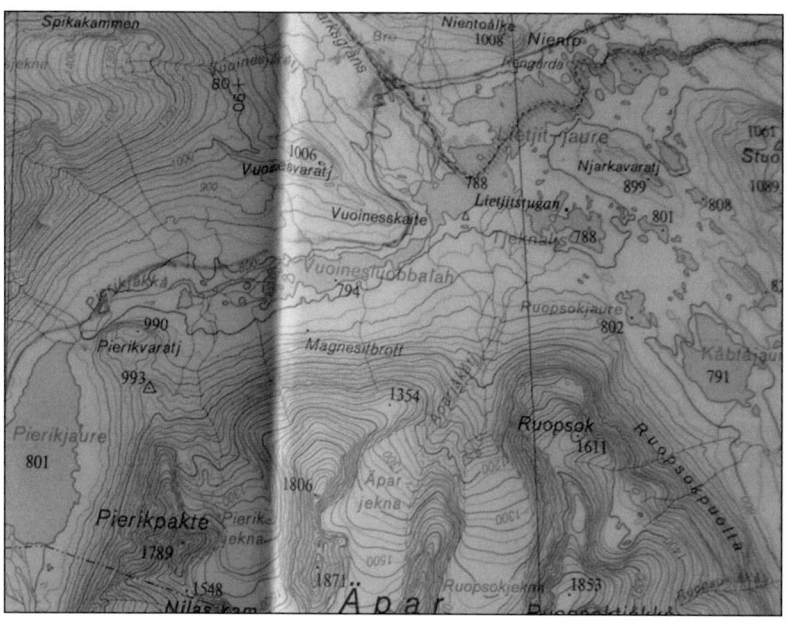

5. Etappe: *Westufer Kukkesvaggejåkkå – Steilwand Pierikvaratj*
ca. 8 km; von 788 auf ca. 800 m

Eigentlich bin ich noch total müde, aber die Luft im Zelt ist unerträglich warm. Die Sonne lacht aus vollem Herzen - so schnell kann sich das Wetter ändern. Ich schlafe noch mal ein, bis Jens mich um 11 h aus den Kunstfasern treibt. Zügig ist alles zusammengepackt und schon geht es los. Es ist sehr warm. Immer wieder müssen wir leicht sumpfiges Gelände durchqueren, dort, wo die Schatten droh'n und die Mücken wohn'n. Doch die Zahl der Angriffe hält sich in Grenzen.

Weiter geht es über mehrere kleine Schneefelder, die unseren Weg kreuzen bis wir den Berg Vuoineskaite umrunden, um in das Tal zu gelangen, in dem der Pierikjaure liegt. Der Abfluss des Pierikjaure, der

Pierikjåkkå, mündet ebenfalls in die Seen, in die auch unser Watfluss, der Kukkesvaggejåkkå, fließt. Direkt am Taleingang ist der Pierikjåkkå seenartig verbreitert. Sein grünes Wasser glitzert in der Sonne. Der blaue, wolkenlose Himmel gibt den Blick frei auf die umliegenden Berge. Voraus, in Richtung Westen, erhebt sich der Pierikpakte auf knapp 1800 m, der uns schon vorher mit seiner schroffen Zinne und dem Kessel mit dem Eisfeld aufgefallen war. Ihm zu Füßen bildet der Pierikvaratj mit knapp 1000 m und einer senkrecht abfallenden Nordseite, die sich direkt am Ufer des Pierikjåkkå erhebt, einen guten Orientierungspunkt. Hinter diesem Berg liegt der Pierikjaure.

Nach der 2-tägigen Zwangspause und der gestrigen Seilaktion fällt uns das Gehen heute schwer. 50 m oberhalb des Talgrundes bleiben wir nach einer Pause einfach noch etwas liegen und lassen uns die Sonne auf den Bauch scheinen. Dieses Tal ist wunderschön mit seinen ausgedehnten Wiesenflächen, die permanent dazu einladen, jetzt sofort das Zelt aufzubauen. Doch wir gehen schließlich weiter bis vor den Pierikvaratj. Auf einer herrlichen Wiese direkt am Fluss, der allein uns von der Steilwand des Pierikvaratj trennt, errichten wir das Zelt. Genau vis-a-vis ist mal ein rechteckiges Stück aus der Wand gebrochen und als Geröllhaufen am Fuß des Monolithen und halb im Fluss, liegengeblieben. So dicht steht der Berg am Fluss. Das eiskalte Wasser führt ständig kleine Eisstückchen mit sich. Wir werden sicher noch erfahren, woher sie stammen.

Da wir heute wegen der hohen Temperaturen (ca. 20 Grad in der Sonne) ziemlich geschwitzt haben, nehmen wir ein Vollbad im Fluss, das mit Selbstauslöser fotografisch dokumentiert wird.

Mann, ist das Wasser kalt – so eng kann man Daumen und Zeigefinger gar nicht zusammenpressen.

Nach dem wie immer erquickenden warmen Mahl machen wir noch einen Ausflug auf den hinter uns liegenden Berg, den Vuoinestjåkkå. Wir steigen nur ein paar hundert Meter auf und hocken uns staunend auf einen Felsen nieder und genießen ein herrliches Panorama. Im Westen sehen wir jetzt den ganzen Pierikjaure, dessen Oberfläche fast zur Hälfte mit schwimmendem Eis bedeckt ist. Daher stammen also die Eisstückchen auf dem Fluss. Uns gegenüber erhebt sich der Pierikpakte auf stolze 1789 m, direkt über seinem kleinen Bruder, den Pierikvaratj.

Der Blick nach Osten ist ungehemmt. Der Berg Slugga, Nachbar des Käppu, ist zu erkennen, den wir am 3. Tag passiert haben. In diese Richtung ist das Land weit und offen.

Zwei zum ersten Mal im Sarek

Im Westen trifft der Blick auf viele schroffe, mit Eis und Schnee bedeckte Gipfel. Irgendwo zwischen ihnen werden wir uns hernach fortbewegen.

Zeltplatz am Fuß des Pierikvaratj

Etappe	Strecke km	Meter auf + ab	Start Level	Ende Level	Gipfel, Flüsse, Seen am Wegesrand
5	8	12	788	800	Vuoinesvaratj (1006 m) Pierikjakka Pierikvaratj (990 m)
Kumulierte Werte	37	1005			

Zwei zum ersten Mal im Sarek

Der Pierikvaratj in kompletter Schönheit

Bibber!!

Zwei zum ersten Mal im Sarek

Freitag, 30. Juni – 8. Tag

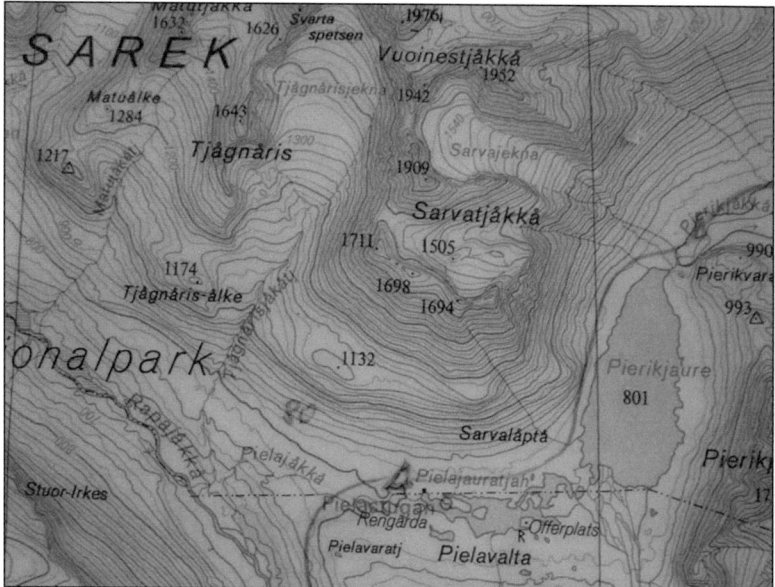

6. Etappe: Steilwand Pierikvaratj - Pielastugan
ca. 7 km; von 800 auf ca. 800 m

Wir kommen nicht aus dem Quark. Unentschlossen, ob wir eine Tages-tour bis auf den Gipfel des gestern Abend teilweise erklommenen Berges machen sollen oder lieber weitergehen, bleiben wir noch in den Betten. Die Berge stecken nämlich in den Wolken und da macht es wenig Sinn, hinauf zu steigen. Also fällt die Entscheidung fürs Weitergehen.

Es ist wieder so warm wie gestern. Der Schweiß fließt in Strömen, wäh-rend wir den Pierikjaure erreichen und tapfer an seinem Ufer entlangwan-dern. Bei einer Pause sehen wir uns das Eis auf der Seeoberfläche näher an. Es sind lauter aneinanderklebende kleine, etwa 6 – 8 cm lange kristal-line Spitzen. Wenn sie ans Ufer getrieben werden, fallen sie klirrend aus-einander und liegen als ungeordneter Haufen da.

Ziemlich schnell – nach ca. 3 Stunden – haben wir die Pielastugan er-reicht, eine private, verschlossene Hütte. Während wir verschiedene Plät-ze für unser Zelt in Augenschein nehmen, entdeckt Jens ein anderes Zelt etwa 100 m entfernt. Ein schwedisches Ehepaar, das ebenfalls für etwa 2 Wochen im Sarek wandert, kampiert dort.

Klingelnde Eiskristalle im Pierikjaure

Endlich können wir uns für einen Platz auf einer windigen, dafür mückenfreien Kuppe entscheiden. Kaum steht das Zelt, nehmen wir wieder ein Vollbad in einem der zahlreichen Tümpel, in die zum Teil Schneefelder hineinreichen. Jens nervt mich mit seinem Dokumentationswahn über sämtliche Bäder in eiskalten Tümpeln, Seen und Flüssen.

„Das musst du fotografieren und für die Nachwelt erhalten. Hast Du auch das Schneefeld mit drauf?"

Jaja. Wieder kniee ich mich in die feuchte Botanik, um die Kamera zu positionieren. Für den Blick durch den Sucher muss ich mich fast auf den Bauch legen. Dann muss es schnell gehen: Vorbereiten auf den Sprint, Selbstauslöser betätigen und die unendlich scheinende Spanne von 10 Sekunden nutzen, um über schlüpfrige Steine an den zuvor ausgeguckten Platz neben Jens zu gelangen und im richtigen Augen"klick" ein entspanntes, glückliches Gesicht zu machen, als wenn man sich in einem Thermalbad befände.

Praktischerweise werden nach dem Bad ein paar Klamotten durchs Wasser gezogen, die bei diesem Wetter sicher schnell trocknen werden.

Zwei zum ersten Mal im Sarek

Am späten Abend machen wir noch einen Erkundungsgang in die nähere Umgebung. Ein riesiges Schneefeld hat einige interessante bizarre Einbrüche durch Unterspülung von Wasserläufen erfahren. Wir steigen an einer Bergflanke etwas auf und haben so einen schönen Blick ins Tal. Zahlreiche kleinere Wasserflächen, von denen keine eis- oder schneefrei ist, haben im späten Abendlicht eine leuchtend blaue Farbe. Der Wind kräuselt die Oberflächen und lässt das Wasser so kalt erscheinen wie es tatsächlich ist. Zurück im Zelt gibt es noch einen heißen Tee und einige unromantische Mineraltabletten. Noch etwas Tagebuchschreiben und schon ist der Tag rum.

Etappe	Strecke km	Meter auf + ab	Start Level	Ende Level	Gipfel, Flüsse, Seen am Wegesrand
6	7	0	800	800	Pierikvaratj (990 m) Pierikpakte (1789 m) Sarvatjakka (1909 m) See Pierikjaure Pielastugan (Privathütte)
Kumulierte Werte	44	1005			

Smaragdgrüner Pierikjaure

Zwei zum ersten Mal im Sarek

Samstag, 1. Juli – 9. Tag

Stille und Schweigen überall. (...) Ein Feenglanz weilte um diese Zeit über Land und Wald, die Sonne war untergegangen und färbte den Horizont mit einem fetten, roten Licht (...)

Knut Hamsun

Heute ist Faulenzertag. Eigentlich wollten wir eine Tagestour ins benachbarte Pastavagge machen. Aber da wir erst gegen 11 h bereit sind, aus den Schlafsäcken zu kriechen und die Wolkendecke eh sehr tief hängt und alle umliegenden Gipfel einschließt, machen wir einen auf träge. Einzig am späten Abend raffen wir uns zu einem Erkundungsgang für die morgige Watstelle auf. Der Pielajåkkå trennt uns von unserem weiteren Weg. Die Schwedin aus dem Nachbarzelt hatte uns am Nachmittag auf die einzig mögliche Watstelle durch den Pielajåkkå hingewiesen und von hüfttiefem Wasser gesprochen. Wir nehmen die Watstelle in Augenschein. Nun gut, trockenen Fußes kommt man hier über die 5 m breite Furt nicht rüber. Aber hüfttiefes Wasser? Wir erforschen den Wasserlauf noch ein ganzes Stück flussabwärts. Doch schon unmittelbar hinter der Furt steigt die Fließgeschwindigkeit rapide an. Das Wasser schießt in vielen Windungen über felsige Stufen abwärts. Eine Stelle ist schöner anzusehen als die andere. Gischtende Kaskaden im Wechsel mit mindestens brusttiefen Becken lassen eine problemlose Überquerung des Flusses absolut nicht zu. Und trockenen Fußes schon gar nicht. Es macht auch keinen Sinn, dem Wasserlauf noch weiter zu folgen, weil er einen völlig anderen Weg nimmt als wir es morgen tun werden.

Während wir nach Süden gehen werden, führt er zunächst einige Kilometer nach Westen bevor er einen Haken schlägt und dann erst seinen Weg nach Süden sucht, um irgendwo in den Rapajåkkå zu münden, der im weiteren Verlauf zum mächtigen Rapaätno anschwillt.

Die wilde Landschaft und das weiche Licht des späten Nachmittages sind ein unvergessliches Erlebnis. Der Himmel spiegelt sich in einem satten Blau in Flüssen und Seen. Das sommerlich frische Grün der Gräser ist erst vereinzelt vorhanden; noch herrscht das herbstlich-winterliche Rotbraun vor. Leuchtend weißer Schnee und bläulich schimmerndes Eis vervollkommnen diese einzigartige Farbkomposition, die dunkle Steilwände und Berggipfel wie ein perfekter Rahmen umgeben. Solche Augen-blicke lassen sich mit Worten kaum beschreiben. Selbst ein Foto ist letztlich nur ein unvollkommener Ausschnitt eines großartigen Ganzen. Derartige Panoramen lassen sich in ihrer ganzen Schönheit nur live erleben. Und die Empfindung ist umso nachhaltiger und dauerhafter, je größer die Anstrengung war, sich einen solchen Blick „erarbeitet" zu haben.

Schließlich entscheiden wir uns doch für die von der Schwedenfrau als hüfttief beschriebene Stelle, die unseres Erachtens bestenfalls bis über den Knöchel gehen kann.

Sinfonie der Farben

Zwei zum ersten Mal im Sarek

Sonntag, 2. Juli – 10. Tag

Und manches Mal schlief ich ein, wo ich lag, in allen Kleidern, wie ich ging und stand, und erwachte nicht eher, als bis die Seevögel zu schreien begonnen hatten.

Knut Hamsun

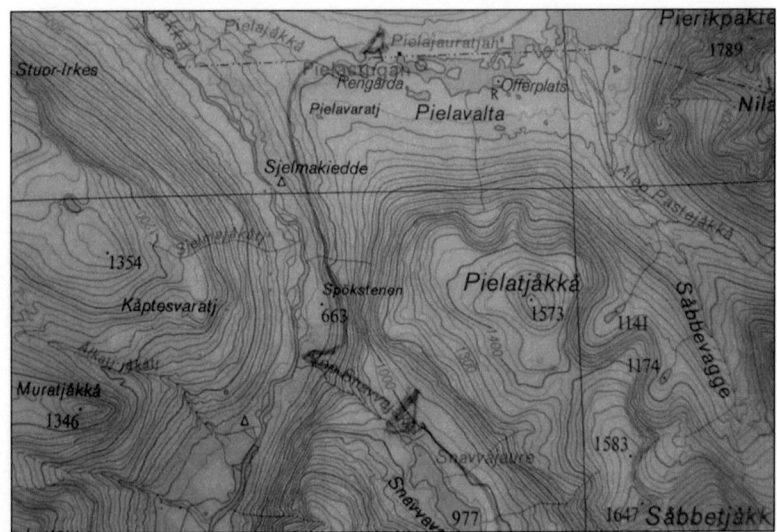

7. Etappe: Pielastugan - Snavvajaure
ca. 7 km; von 800 auf ca. 977 m

Wir liegen mal wieder lange im Sack. Doch dann haben wir sehr schnell gepackt und starten Punkt 12 h Richtung Rapadalen, **das** magische Tal im Sarek. Die Wat durch den Pielajåkkå ist nach wenigen Wimpernschlägen bereits Geschichte.

Nach 1 ½ Stunden stetigen bergauf Gehens erreichen wir den Punkt, von dem aus wir ungehemmt ins Rapadalen schauen können. Der Anblick ist beeindruckend und niederschmetternd zugleich.

Beeindruckend wie das silberne Band des Rapajåkkå seinen Weg durch das Tal nimmt und durch zahlreiche Windungen vielfach Inseln im Strom bildet. Unsere Uferseite fällt zunächst sehr steil ab und besitzt dann zum Wasser hin noch einen etwa 150 m breiten, flacheren Streifen, der durch und durch mit Birken und Büschen bewachsen ist. Das jenseitige Ufer hat einen breiten flachen Streifen und ist weniger stark mit höherem Gewächs bestanden.

Beim Anblick des Grüngürtels ahnen wir fürchterliche Qualen auf uns zukommen. Zwischen dem Fluss und unserem Aussichtspunkt liegen etwa 300 Höhenmeter. Wir setzen die Rucksäcke wieder auf und folgen einem Trampelpfad durch die steile Bergwelt. Der Pfad windet sich mal auf mal ab durch Geröll und spärlichen Bewuchs oberhalb des Grüngürtels. Weit unten im Tal erspähen wir eine hübsche grüne Wiese mitten im Birkenurwald.

Da wir annehmen, dass aufgrund der landschaftlichen Gegebenheiten der Pfad durchs Rapadalen unten am Fluss zu suchen sei und der Pfad, auf dem wir uns jetzt gerade befinden für uns unerklärlich weiter bergauf führt, entschließen wir uns, diesen zu verlassen und das Grün tief unten im Tal anzusteuern.

Der Abstieg an diesem Steilhang (Neigungswinkel geschätzt 75 – 80 Grad) mit dem wuchtigen Klotz auf dem Rücken ist vom Allerfeinsten. Geröll, Bodenwellen, hartnäckige Weidensträucher und mitunter umgestürzte Birken machen es uns nicht leicht. Im flacheren Teil angekommen, schlagen wir uns durch den mit mannshohen Weidensträuchern gespickten Birkenurwald schneckenartig vorwärts.

Im Mittelgrund die Lichtung des Grauens

Zwei zum ersten Mal im Sarek

Es ist zum Heulen und kräftezehrend bis zum Geht-nicht-mehr. Für die knapp 500 m bis zur Wiese benötigen wir Ewigkeiten. Dort überlegen wir, wie es weitergehen soll. Durch diese grüne Hölle geht es auf keinen Fall. Bei erneutem Studium der Karte (Hinweis: Nya Fjällkartan von 1985, auf der keine Wege im Sarek eingezeichnet sind) kommen wir zu dem Schluss, dass der Pfad, den wir 300 Höhenmeter über uns verlassen haben, höchstwahrscheinlich die cleverere Alternative darstellt. Der Pfad scheint auf ein Hochtal, das Snavvavagge, zu führen, es zu durchqueren und auf der anderen Seite des Berges Laddepakte, den wir von unserer jetzigen Position aus umrunden müssten, wieder ins Rapadalen zu führen.

Der Vorteil dieser Wegführung wird uns in Anbetracht unserer noch frischen Grüngürtelerfahrung schlagartig bewusst, wird doch so dieser arktische Matto Grosso vermieden. Der Höhenweg schneidet diese mörderische Passage einfach ab. Frohen Mutes wollen wir zurück auf den Pfad, doch die Sache hat einen 300 Höhenmeter langen, extrem steilen Haken.

Der Blick nach oben ist alles andere als ermutigend. An der Steilheit hat sich nichts geändert, einzig die Tatsache, dass wir von der Wiese aus nach nur wenigen Metern aus dem Baum- und Strauchbereich heraus sind. Es hilft alles nichts, wir müssen da hoch.

Die ersten Schritte gestalten sich noch normal, doch dann geht es urplötzlich ans Eingemachte. Man kann sich kaum gerade hinstellen, ohne befürchten zu müssen, dass der Rucksack einen nach hinten umreißt. Es ist der reinste Höllentrip. 10 Schritte aufwärts, hechelnd pausieren, wieder 10 Schritte. Oder auch weniger. Die Beine werden langsam schwer, höhere Stufen können nur mit äußerster Kraftanstrengung genommen werden. Die Waden brennen, der Gluteus maximus macht sich bemerkbar – d.h. der Arsch brennt. Mein Puls ist mit absoluter Sicherheit deutlich über 180. Bei einer Pause auf halber Höhe muss ich erstmal hecheln, bis sich mein Puls etwas beruhigt hat. Gegen Ende schaffe ich nur noch 5 Schritte am Stück. So geht es langsam weiter bis wir „oben" angekommen sind.

Gut eine Stunde haben wir für diese Tortur benötigt, die sich mit Marius Müller-Westernhagen wie folgt kurz umreißen lässt: „... ich bin im Arsch, ich bin total daneben....".

Und immer noch sind wir nicht fertig. Es geht noch etwas weiter bergauf, jedoch viel gemäßigter. Wir gehen noch bis zum Snavvajaure, dem einzigen See in diesem Hochtal. Mit müden, maroden Füßen suchen wir noch relativ lange nach einem geeigneten Zeltplatz in diesem entweder feuchten oder steinigen Gelände, den wir schließlich direkt am Pfad finden. Ein malerischer schmaler Wasserlauf beschreibt an dieser Stelle einen schönen Bogen und sorgt so für Frischwasser in idealer Nähe.

Malerisches Plätzchen im Snavvavagge

Bevor das erste Wasser kocht, verdrücken wir erstmal eine viertel Salami. Dann schlagen wir uns die Bäuche mit Nudeln voll bis der Nabel glänzt.

6 Stunden waren wir heute unterwegs, von denen 2 ½ so überflüssig waren wie ein Kropf.

Etappe	Strecke km	Meter auf + ab	Start Level	Ende Level	Gipfel, Flüsse, Seen am Wegesrand
7	7	177	800	977	Pielatjåkkå (1573 m) Spökstenen (663 m) Kaptesvaratj (1354 m) Snavvajakatj
Kumulierte Werte	51	1182			

Zwei zum ersten Mal im Sarek

Montag, 3. Juli – 11. Tag

Einen Dank für die einsame Nacht, für die Berge, für das Rauschen der Finsternis und des Meeres, es rauscht durch mein Herz! Einen Dank für mein Leben, für meinen Atemzug, für die Gnade, heute Nacht leben zu dürfen, dafür danke ich von Herzen! Lausche nach Osten, lausche nach Westen, nein, lausche! Es ist der ewige Gott! Diese Stille, die gegen mein Ohr murmelt, ist das siedende Blut der Allnatur, Gott, der die Erde und mich durchwebt. Ich sehe einen hellen Spinnenfaden im Scheine meines Feuers, ich höre ein ruderndes Boot auf dem Meer, ein Nordlicht gleitet über den Himmel im Norden. Oh, bei meiner unsterblichen Seele, ich danke so sehr, weil ich es bin, der hier sitzt.

Knut Hamsun

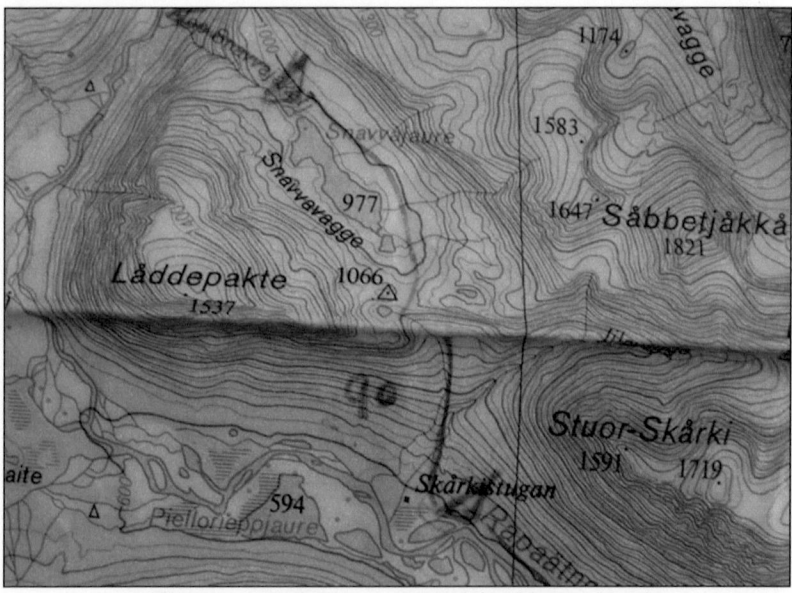

8. Etappe: *Snavvajaure – Rapadalen/Stuor Skarki*
ca. 5 km; von 977 auf ca. 594 m

Ich habe nicht gut geschlafen. Eigentlich fast gar nicht. Trotz der strapaziösen Eskapade von gestern. Irgendwann am Vormittag beginnt Jens mit der Frühstücks-Rödelei, während ich mich dem Halbschlaf hingebe.

Zwei zum ersten Mal im Sarek

Ab und zu hat es in den Morgenstunden leicht genieselt. Das Barometer kündet allerdings nicht von Regen. Naja, dann geht es doch auf einmal Zug um Zug. Frühstücken, Rucksäcke packen, nochmal zum Stein...

Dort bin ich gerade fertig, als auf der nächsten Kuppe 2 Gestalten auftauchen. Ein kurzer Wink hoch und dann gehe ich zurück zu Jens. Wir sind gerade marschbereit, als die beiden Wanderer zu uns herunterkommen und uns begrüßen. Es sind – natürlich – Deutsche, die aus der Gegenrichtung kommen. Der eine – Frank – kam durchs Rapadalen. Darum interviewen wir ihn nach irgendwelchen sichtbaren Pfaden und Ähnlichem. Der andere – Hubert – wollte wohl ursprünglich auch so wie wir gehen, hat es sich dann aber anders überlegt, Frank getroffen und ist mit ihm zurückgegangen. Heute Abend werden sich die Wege der beiden in Nähe der Pielastugan wieder trennen. Wir plauschen noch ein wenig und dann ziehen wir bei bewölktem Himmel und kühlem Wind los. Ziemlich zügig haben wir den Snavvajaure umlaufen und die letzten Höhenmeter zum Pass erklommen. Wir sind jetzt etwa 1100 m hoch. Auf der anderen Seite geht es gut bergab, bis auf knapp 600 m. Ein langes, steiles Schneefeld nehmen wir höchst elegant auf dem Hosenboden rutschend. Heidewitzka, welch' ein Spaß. Wir wiederholen die Sache ohne Rucksack nochmal für ein Foto.

Der weitere Abstieg wartet mit einem deutlich sichtbaren Pfad auf, der über weite Strecken über Gras führt. Von einer Kuppe hat man wieder einen herrlichen Blick ins Rapadalen. Der Rapa speist mit seinem Waser scheinbar auch kleinere Seen, wenn der Pegel durch zu starke Regenfälle oder Schmelzwasser steigt.

Plötzlich geht es sehr steil bergab. Die Zehen stoßen heftig an die Schuhspitzen. Der Pfad führt in einen engen Canyon, zwischen den Bergen Laddepakte und Stuor Skarki, in dem der Gletscherbach herunter rauscht, dessen Geburtsschneefeld wir oben am Pass heruntergerutscht sind. Das Flussbett ist sehr steinig, das Wasser an vielen Stellen ziemlich tief und die Strömung über allem sehr heftig. Wie immer versuchen wir erst, ohne Schuhwechsel hinüberzukommen. Leider gibt es keine Stelle, die das erlaubt, selbst die Verwendung zweier umgestürzter junger Birkenstämme bringt kein anderes Ergebnis. Wir waten also doch und schon kurz nachdem die Watschlappen wieder gegen die Wanderschuhe getauscht worden sind, tauchen wir wieder ein in den Grüngürtel. Wir folgen dem hier deutlich sichtbaren Pfad durch lichten Birkenwald und überlegen gerade, ob es in diesem Wald überhaupt eine Zeltmöglichkeit gibt und wenn ja, wie lange wir dann heute noch gehen müssen.

Kaum zu Ende gedacht, passieren wir eine kleine Lichtung, auf der schon vor uns andere Leute kampiert haben müssen. Davon zeugt die Feuerstelle, um die herum der eine oder andere dünne Birkenstamm als Sitzgelegenheit drapiert ist. Routiniert haben wir in nur wenigen Minuten das Zelt aufgebaut, Schlafsäcke und Isomatten hergerichtet und alle anderen Dinge verstaut. Der Feuerteufel in uns drängt uns geradezu, auf der längst erkalteten Asche, die unsere Vorgänger hinterlassen haben, die Flammen wieder auflodern zu lassen. Der erste Versuch, der Welt zu beweisen, dass wir zu der Art gehören, die das Feuer beherrscht, verweht im starken Wind. Für den zweiten Versuch sammeln wir Streifen dünner Birkenhaut von toten Ästen und filigranes Reisig und nehmen zusätzlich ca. 20 Blatt aus dem ausgelesenen Taschenbuch, um einen schönen Glutherd zu schaffen. Es gelingt. Das Feuer brennt wunderbar. Der Wasserkessel unseres Sturmkochers wird an einer kunstvollen Konstruktion aus Rentiergeweih und langer Astgabel über das Feuer gehängt.

Das nicht ganz trockene Holz entwickelt einigen Rauch, der uns die ohnehin eher zurückhaltenden Mücken gänzlich vom Leibe hält. Der heiße Tee schmeckt. In trapperartiger Manier lümmeln wir uns ums Feuer herum, blicken verträumt in die Flammen und versuchen irgendwann nicht mehr, dem Rauch auszuweichen. Später, weit nach dem Kartoffelpüree will ich nochmal nach einem Elch Ausschau halten. Jens hat gerade für sich festgestellt, dass er doch nicht schlafen könne und geht schließlich mit auf Elchsuche. So starten wir kurz vor 21 h zu einem Streifzug durchs abendliche Rapadalen.

Wir folgen ein kurzes Stück dem Pfad bis wir einen kleinen Abzweig entdecken, der direkt zum Fluss hinunter führt. Hier gelangen wir auf eine wunderschöne Uferpromenade, die direkt am Wasser entlangführt. In diesem Abschnitt verändert der Rapa bei schwankenden Wasserständen ständig sein Gesicht. Zur Zeit bietet sich folgendes Bild: Zwischen eigentlichem Flussbett und dem Waldrand gibt es einen ca. 50 m breiten Streifen „Überschwemmungsgebiet", das aus aneinandergereihten Tümpeln und Teichen besteht.

Auf dem Erdwall zwischen Flussbett und Überschwemmungsgebiet laufen wir gerade. Der Weg ist total eben und wunderbar zu begehen. Das finden auch die Elche, von denen wir hier massig Spuren finden. Klar, dass wir morgen auch hier entlang gehen werden, anstatt uns durch den Wald zu quälen. Doch momentan halten wir angestrengt Ausschau nach den Großgeweihträgern. Immer wieder spähen wir über die Tümpel in Richtung Waldrand oder auch zum anderen Ufer – negativ. Land der Elche – pah! Lauter Lügen!

Zwei zum ersten Mal im Sarek

Zünftiges Lagerfeuer

Bald wird die Promenade feuchter und wir schlagen einen Haken zurück in den Wald. Während wir einem Pfad folgen, bewundere ich immer wieder die seltsam geformten Stämme der Krüppelbirken. Erstaunlich, wie krumm so ein Baumstamm wachsen kann. Noch immer spähen wir stumm und angestrengt ins Unterholz. Fast lautlos für menschliche Hörapparate, aber vermutlich mit einem Heidengetöse für Elchohren, bewegen wir uns vorwärts. Doch bis zur Rückkehr zum Zelt – nach knapp 2 Stunden – haben wir noch nicht mal die Nasenspitze eines Elchs gesehen. Na ja, vielleicht klappt's morgen.

Etappe	Strecke km	Meter auf + ab	Start Level	Ende Level	Gipfel, Flüsse, Seen am Wegesrand
8	5	383	977	594	See Snavvajaure Laddepakte (1537 m) Sabbetjakka (1821 m) Stuor Skarki (1719 m) Skarkistugan (Privathütte)
Kumulierte Werte	56	1565			

Zwei zum ersten Mal im Sarek

Dienstag, 4. Juli – 12. Tag

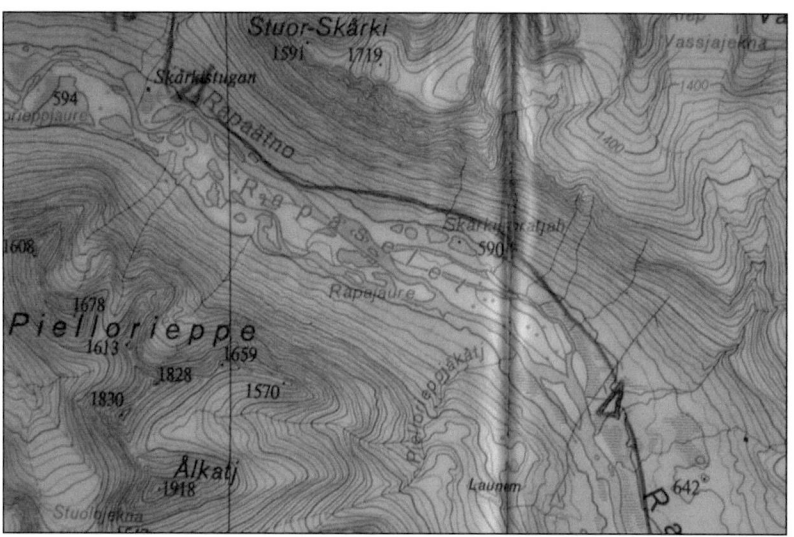

*9. **Etappe**: Rapadalen/Stuor Skarki – Rapadalen/Vassjalapta*
ca. 8 km; von 594 auf ca. 590 m

Leichte Nieselstippen klopfen zaghaft ans Außenzelt, lassen aber schnell ganz nach. Sonnenschein stellt sich ein und macht den Morgen fröhlich. Entsprechend zeitig stiefeln wir los, jedoch nicht ohne einen kräftigen, langen Birkenast mitzunehmen. Den wollen wir als Behelfssteg auf der gestern Abend entdeckten Uferpromenade benutzen, an einer Stelle, an der wir gestern ohne Rucksäcke ein gutes Stück über einen Wasserlauf springen mussten. Springen ist mit den Rucksäcken ja nicht drin, darum dieser Ast. Ziemlich schnell haben wir eben diese Stelle erreicht. Einer der Überschwemmungstümpel hat sich hier einen Abfluss durch die sandige Uferpromenade hin zum Fluss gewaschen. Zu unserem Erstaunen und Freude ist der Wasserstand über Nacht um wenigstens 30 cm gefallen, so dass wir unseren Notsteg gar nicht benötigen. Immer wieder mal gibt es diese Durchbrüche zum Fluss hin, doch bis jetzt hat immer ein großer beherzter Schritt ausgereicht, hinüber zu kommen. Jens bleibt plötzlich stehen. Am anderen Ufer, am Fuße des Piellorieppe, hat er zwei große braune Gestalten entdeckt. Tatsächlich, es sind zwei Elche, allerdings so weit weg, dass sie nur als sich bewegende dunkle Punkte erkennbar sind.

Mittlerweile werden die Durchbrüche durch unsere Promenade immer breiter und tiefer. Noch können wir auf die andere Seite gelangen, indem wir dem Abfluss etwas folgen und an einer schmaleren Stelle rüber steigen. Weiter geht es auf der Promenade. Aus dem Rapa sind einige Sandbänke aufgestiegen, die gestern noch nicht oder nicht so groß zu sehen waren. Das weite grüne Rapadalen erstreckt sich so weit das Auge reicht. Gleichwohl erheben sich mehrere Felsmassive fast senkrecht an der Wasserkante. Es ist beeindruckend, unter diesen schwarzen Wänden entlang zu gehen und vereinzelte dünne Wasserfälle oder geräuschvoll herab donnernde Gletscherbäche zu betrachten.

Immer wieder drehe ich mich kurz um, um vielleicht doch noch so einen Riesenschaufler zu entdecken. Dieses Mal habe ich Glück. Leise rufe ich Jens an und deute schräg hinter uns zum Ufer, d.h. zum Waldrand. 2 Elchbullen mit ausladenden Geweihen stehen im Wasser. Von Zeit zu Zeit tauchen sie ihre Köpfe unter – manchmal länger als eine Minute. Dann dämmert uns, was die da machen. Sie äsen unter Wasser. Wenn einer kauend wieder auftaucht, schüttelt er mit behäbigen Bewegungen das Wasser von seinen Schaufeln. Wir versuchen, etwas näher heranzukommen. Wenn beide gleichzeitig mit den Köpfen unter Wasser sind, kämpfen wir uns ein paar Schritte durch die zähen Weidenbüsche. Der Wind steht zudem günstig für uns. Nicht nur, dass die Elchbullen uns noch nicht gewittert haben, kommen sie äsenderweise immer näher auf uns zu.

Jens sieht sie schon etwa 20 m vor uns aus dem Wasser steigen, doch ich vermute, dass sie durch eine Enge, die genau auf unserer Höhe liegt, in den Nachbarteich weiterziehen werden. Genau das tun sie schließlich auch. Noch schauen nur Kopf und Hals aus dem Wasser, aber dann wird das Wasser etwas niedriger und die beiden staksen wieder auf den Wald zu. Plötzlich verfallen sie in lockeren Trab, bis sie nur noch mit den Füßen im Wasser stehen und lassen ein paar dieser typischen konischen Köttel hinter sich. Dann gehen sie daran, sich an den Bäumen gütlich zu tun.

Wir haben endlich unsere Elche gesehen und ausgiebig beobachtet.

Nun schreiten wir frohen Mutes aus, nur um etwa 100 m weiter wieder vor so einem „Dammdurchbruch" zu stehen. Jetzt sieht es düster aus. Dieser Durchbruch in der Promenade ist viel zu breit und zu tief. Wir folgen dem querenden Wasserlauf durch dichtes und wieder zähes Weid engestrüpp. Feucht ist es auch. Keine Chance. Nicht mit den Rucksäcken auf den Rücken.

Zwei zum ersten Mal im Sarek

Jens „Anti-Wat" Schladitz hat wieder eine Idee: zwei umgestürzte Bäume als Brücke über eine knapp 2 m breite Stelle zu platzieren. Na schön. Also erst mal „netto" rüber springen. Die Landung erfolgt zwar teilweise mit einem Fuß im Wasser, aber egal.

Dann folgen wir den Elchen in den Wald. Der eine ist allerhöchstens 50 m vor uns und kaut auf Baumzweigen herum. Irgendwie kümmert er sich überhaupt nicht um uns. Wir stellen scheinbar keine Gefahr dar. Wiedemauchsei – wir finden zwei armdicke Birkenstämmchen, schleppen sie zum Wasser und stellen nach mehreren Versuchen fest, dass es so doch nicht funktioniert. Die ganze Sache ist einfach zu wacklig. Ich schlage vor, es jetzt doch mit Waten zu probieren, weil alles andere eh keinen Zweck habe und nur Zeit kostet.

Also machen wir uns wieder mal nackig, waten hüfttief durch, steigen auf der anderen Seite raus aus dem Wasser, laufen 30 m weiter zum nächsten Wasserarm, waten erneut und ziehen dort am anderen Ufer die Schuhe wieder an. Keine 100 m weiter stehen wir vor demselben Problem. Jens will nicht mehr waten und probiert es auf die brutale Weise: 2 kurze Schritte in mehr als knöcheltiefem Wasser im Vertrauen auf die Gamaschen, die er heute angelegt hat. Es funktioniert. Ich muss doch althergebracht waten, weil mir ohne Gamaschen das Wasser voll in die Schuhe strömen würde. Nun denn.

Als wir nach abermals 100 m auch wieder nicht weiterkommen, versuchen wir, uns zum Waldrand durchzuschlagen. Welch' ein Unterfangen. Der Boden ist sumpfig ohne Ende. Kaum eine Stelle, an der nicht der ganze Fuß im Wasser steht. Glücklicherweise läuft mir nur wenig Wasser direkt in die Schuhe. Trotzdem wird es darin immer feuchter. Wir schaffen es bis zum Wald und suchen den Pfad, den wir auch sehr schnell finden. Wir wollen ihm noch so weit folgen, bis ein geeigneter Zeltplatz auftaucht.

Plötzlich stehen wir vor einem Rentierzaun, der hier quer durchs Tal gezogen ist. Durch einen Durchschlupf gelangen wir auf die andere Seite. Der Pfad orientiert sich jetzt an dem Zaun und führt wieder Richtung Fluss. Ein neues Sumpfgebiet lässt keinen Pfad mehr erkennen. Wir fluchen 2-3 mal laut und inbrünstig und stapfen durch die Feuchtigkeit, immer auf die baumbestandenen Bodenerhebungen jenseits des Sumpfes zu. Mittlerweile nehmen wir keine Rücksichten mehr auf Wassertiefen, sondern wollen nur noch aus dieser Hölle raus.

Schließlich haben wir auch diese Etappe mit nassen Hosen und Schuhen geschafft. Wir finden auch den Pfad wieder und kurz darauf, etwas abseits desselben einen weichen, grasbewachsenen Zeltplatz. Der Platz ist prima. Der Untergrund ist weich und hier – oberhalb des Sumpfes und dank des seit einiger Zeit kräftig blasenden Windes – gibt es kaum Mücken.

Zwei zum ersten Mal im Sarek

Eine umgestürzte Birke, deren schlanker Stamm etwa in 40 cm Höhe parallel zum Erdboden zu liegen kam, bietet einigen Komfort in Gestalt eines natürlichen Donnerbalkens. Dies ist das bequemste Örtchen unserer gesamten Tour. Die übrigen Male hat man sich i.d.R. artistisch an irgendwelche Felsen gelehnt, um die Schwerkraft in der Weise zu berücksichtigen, dass kein lehmartiger Fall-out die herunter gelassenen Hosen kontaminiert. Derartige Geschäfte sind leider grausame Realität einer jeden Wanderung, die nicht totgeschwiegen werden soll. Gemütlich ist es nie, auch wenn sich fast immer ein geeigneter „Kackstein" finden lässt. Wenn du Pech hast, erreicht dich ein unaufschiebbarer Drang gerade dann, wenn die äußeren Umstände mehr als hässlich sind: Regen oder kalter Wind oder beides... Aber auch das ist outdoor-life; und schließlich gewöhnt man sich auch daran.

Etappe	Strecke km	Meter auf + ab	Start Level	Ende Level	Gipfel, Flüsse, Seen am Wegesrand
9	8	4	594	590	Rapadalen Piellorieppe-Massiv (1830 m) Rapaätno
Kumulierte Werte	64	1569			

Zwei zum ersten Mal im Sarek

Mittwoch, 5. Juli – 13. Tag

(...) Das eintönige Sausen und die bekannten Bäume und Steine sind zuviel für mich, ich werde von einer seltsamen Dankbarkeit erfüllt, alles lässt sich mit mir ein, vermischt sich mit mir, ich liebe alles. Ich hebe einen dürren Zweig auf und halte ihn in der Hand und sehe ihn an, während ich dort sitze und an meine Dinge denke, der Zweig ist fast verfault, seine armselige Rinde macht Eindruck auf mich, ein Mitleid wandert durch mein Herz. Und wie ich mich erhebe und gehe, werfe ich den Zweig nicht weit weg, sondern lege ihn nieder und bleibe stehen und finde Gefallen an ihm; zum Schluss sehe ich ihn ein letztes Mal mit nassen Augen an, bevor ich ihn dort zurücklasse (...).

Knut Hamsun

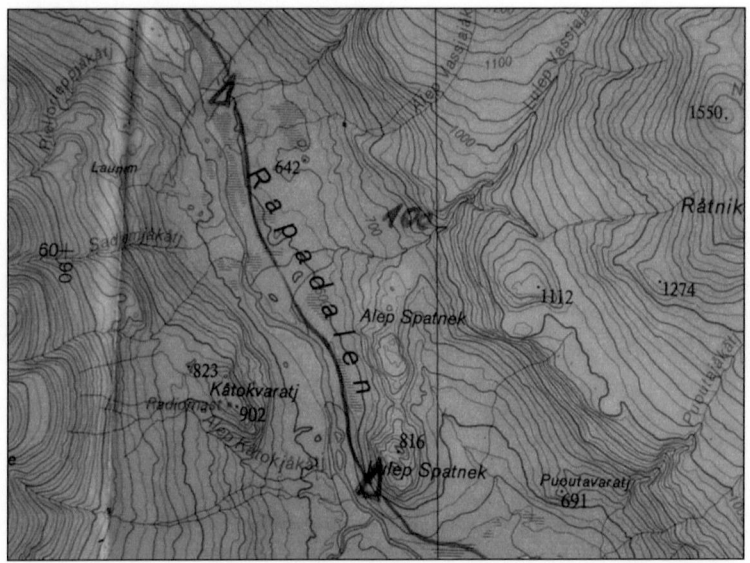

10. Etappe: *Rapadalen/Vassjalapta – Rapadalen/Lulep Spatnek*
ca. 5 km; von 590 auf ca. 530 m

Der Wind blies die ganze Nacht hindurch. Heute Morgen ist es bei Sonnenschein trotzdem recht kühl. Der Wind macht's. Die heutige Etappe wird kurz werden; nur etwa 6 km bis zum Lulep Spatnek. Wir schwenken auf den Pfad und traben los. Dieser Weg ist die reinste Autobahn. Ein richtig netter Waldweg zum Spazierengehen – wenn man mal von den fallweise auftretenden morastigen Passagen absieht. Jetzt wundert es mich nicht mehr, dass dieser Frank, den wir vorgestern getroffen haben, von etwa 20 km-Etappen geredet hat. Zudem er und seine Reisebekanntschaft – Jens hat die beiden liebevoll „Storchenbein" und „Quasimodo" getauft – mit „Kinderrucksäcken" unterwegs sind, die ein Startgewicht von höchstens 20 kg hatten. (Übrigens: Frank „Storchenbein" hatte ziemlich dünne Beine und ziemlich dicke Wanderschuhe und „Quasimodo" war eher ein Nosferatu-Typ, lang, hager mit dick rot-geränderten Augen. Der Bursche sah irgendwie krank aus).

Nun, so wird der als beschwerlichster Teil der Wanderung erwartete plötzlich zum Einfachsten. Ist ja auch ganz schön. Die einzigen Hindernisse des heutigen Tages sind 3 Flüsse, die wir allerdings zügig, nach nur kurzem Suchen nach einer geeigneten Furt, von Stein zu Stein hopsend überqueren können. In dieser Art der Flussüberquerung erreichen wir mittlerweile Meisterschaftsgrade.

Die Landschaft wechselt heute ständig. Mal sind wir tief im Birkenwald, mal stehen die Bäume sehr licht und lassen vielen Blumen Platz zum Wachsen. Ein anderes Mal bewegen wir uns durch baumloses Sumpfgebiet. In einem lichten Waldstück bleibt Jens abrupt stehen. Keine 30 m vor uns liegen gemütlich 2 Elche in der warmen Sonne und kauen (wieder?). Ich zücke meine Kamera und gehe vorsichtig auf die Tiere zu. Erst mal keine Reaktion von dieser Seite. Erst als ich etwa auf 10 m herangekommen bin, stehen die Burschen gemächlich auf und machen gelassen ein paar langsame, gelangweilte Schritte weg von mir. Einer wechselt die Richtung und latscht quer über den Weg, kaum 5 m von uns entfernt. Also, Elchjagd kann so schwierig nicht sein. Wenn die immer so drauf sind, kann man die ja mit einem Pittermesser abstechen.

Das war natürlich ein schönes Erlebnis. Zur Krönung des Elchthemas findet Jens kurz darauf nur ein paar Meter abseits des Weges ein halbes Elchgeweih, eine schöne Schaufel, die er freudestrahlend an seinen Rucksack bindet und damit das bis jetzt weggegessene Gewicht einiger Müslibeutel und –riegel wieder ersetzt.

Die Schultern schmerzen heute besonders und wir haben keine große Lust mehr, weiter zu gehen. Auch wenn die Zeichen sich mehren, dass wir uns wieder der „Zivilisation" nähern. Das heißt, dass nun häufiger die typischen Bohlenpfade auftauchen, die über besonders sumpfige Passagen führen. Vermutlich ist die Nationalparkverwaltung zu dem Schluss gekommen, dass man der Natur auch hier im „wilden" Sarek mitunter besser dient, wenn an solch kritischen Stellen doch Menschenhand angelegt wird. Immer noch besser, als wenn die trotz aller Abschreckungsmanöver doch zahlreichen Wanderer hier breite irreparable Flurschäden hinterlassen.

Ein schöner Fund

Zwei zum ersten Mal im Sarek

Langsam rücken die beiden Berge Alep Spatnek und Lulep Spatnek näher. Am Fuß des Lulep Spatnek wollen wir irgendwo zelten. Als wir an seiner baumlosen Flanke entlanggehen, haben wir freie Sicht auf den mittlerweile immer reißender werdenden Rapaätno. Der Fluss ist hier etwa 50 – 70 m breit und über die eine Hälfte haben sich hier kraftvolle Stromschnellen gebildet, die einen Niveausprung von etwa 2 m überwinden. Wir befinden uns etwa 200 – 300 m vom Fluss entfernt, erblicken aber auf dem letzten Landzipfel, auf einem Felsenplateau direkt an den Stromschnellen ein ebenes Plätzchen.

Die Rucksäcke bleiben in der Nähe des Pfades zurück. Wir erkunden die Örtlichkeiten und befinden sie für gut. Sogar eine Feuerstelle ist vorhanden, dazu jede Menge furztrockenes Treibholz, das seit dem letzten Hochwasser hier in Sonne und Wind bleicht und trocknet. Der Wind weht gerade hier erbärmlich stark. Trotzdem gefällt uns diese exponierte Lage ausgesprochen gut.

Ohne zu Zögern holen wir das Gepäck und richten uns häuslich ein. Wir wollen heute wieder ein Feuer machen. Unter dem Treibholz befindet sich auch jede Menge hölzernes Kleinzeug, das wir für das Glutnest verwenden. Dazu wird als Anzünder wieder dünne Birkenhaut gesammelt. Da der Wind so stark bläst, dass noch nicht mal das Feuerzeug eine Flamme hervor-bringt, schichten wir gleich einen ganzen Haufen auf, nehmen eine Isomatte als Windfang und schon beim ersten (!) Versuch lodern die Flammen empor. Kaum ist der Windfang weg, facht der Wind unser Feuerchen kräftig an. Das trockene Treibholz verbrennt so rasch, dass wir mit dem Nachlegen kaum nachkommen. Wir hocken uns mit Jacke und Mütze – der Wind ist ziemlich kühl – vor das Feuer und schnitzen Spieße. Dann wird die Salami in Scheiben geschnitten und wir rösten eine Scheibe nach der anderen im offenen Feuer. So eine leckere Salami habe ich noch nie gegessen. Insgesamt verdrücken wir eine halbe Wurst (ca. 400 g) und lassen das Feuer dann langsam ausglühen. Das war toll. Es wird noch etwas Wasser für einen Tee direkt aus dem Fluss gezapft. Der wärmt etwas von innen. Für den nächsten Tag verspricht das Barometer gleichbleibend gutes Wetter. Schöne Aussichten, nicht wahr?

Etappe	Strecke km	Meter auf + ab	Start Level	Ende Level	Gipfel, Flüsse, Seen am Wegesrand
10	5	60	590	530	Katokvaratj (902 m) Alep Spatnek (800 m) Lulep Spatnek (816 m)
Kumulierte Werte	69	1629			

Zwei zum ersten Mal im Sarek

In der Wurstbraterei

Zwei zum ersten Mal im Sarek

Donnerstag, 6. Juli – 14. Tag

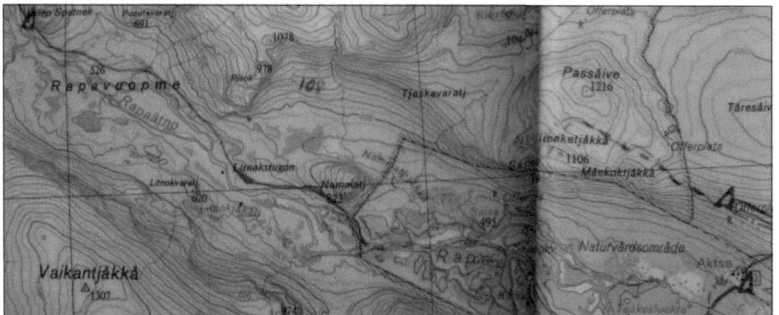

*11. **Etappe**: Rapadalen/Lulep Spatnek – Aktse*
ca. 9 km bis Rapadelta/Bootssteg von 530 auf ca. 495 m
ca. 8 km Bootstransfer nach Aktse, von 495 auf ca. 600

Das tosende Brausen der Stromschnellen ist verklungen. DerWind hat etwas nachgelassen und Sonnenschein erhellt das Zelt. Die Schönwetterperiode der letzten Tage zeigt ihre Wirkung. Der Pegel des Rapa ist über Nacht wieder um mindestens 15 cm gefallen. Auch heute scheint es ein sonniger, trockener Tag zu werden. Kaum verlassen wir unseren windigen Zeltplatz und tauchen wieder ein in den Wald, wird es schlagartig warm und windstill. Bald schon schwitzen wir ganz gehörig, sind aber zu faul, sofort eine Pelle auszuziehen. Erst bei der nächsten Rast. Doch dann schieben sich allmählich immer mehr Wolken vor die Sonne, so dass die Korrektur der Kleidungszusammenstellung überflüssig wird. Über den Weg heute ist nicht viel zu sagen: wir stapfen durch den Wald, praktisch ohne Sicht auf unser nächstes Ziel, den Berg Nammatj, der von der Nicht-Sarek-Seite wie ein rechteckiger Klotz den Eingang zum Sarek zu bewachen scheint. Nur eines ist erwähnenswert, nämlich dass wir in einem Sumpfgebiet den Pfad verlieren und erst nach einer ¾ Stunde kräftezehrenden Durch-die-Buttnik-Stolperns wieder auf ihn stoßen.

Schließlich erreichen wir die Nationalparkgrenze. Hier befindet sich an einer Informationstafel, die den Sarek-Besucher willkommen heißt, ein Walkie— Talkie, regengeschützt in einem blauen Plastik Briefkasten untergebracht. Mit darin liegt eine Bedienungsanleitung für dieses hochtechnische Gerät, handschriftlich abgefasst in schwedisch und englisch. Mit diesem Walkie-Talkie kann man den Samen anfunken, der von hier aus Motorboottransfers bis Aktse durchführt.

Zwei zum ersten Mal im Sarek

Wollen Pizza-Taxi?

Wir überlegen, ob wir diese Möglichkeit wahrnehmen werden. Eigentlich wollen wir auch die letzte Etappe, vom Nammatj bis nach Aktse laufen. Dazu müssten wir jedoch hier einen Zeltplatz finden. Eine Überprüfung der Örtlichkeiten zeigt, dass es inmitten der zahllosen Birken und Büsche kaum einen Quadratmeter freier Fläche gibt. Darüber hinaus sieht der gesamte Grüngürtel vom Nammatj bis Aktse genauso aus wie hier, wo wir gerade stehen: undurchdringlich, wenn es keinen getretenen Pfad gibt. Und genau das befürchten wir - undurchdringliches Dickicht über mindestens 8 km, nur einmal unterbrochen vom Geröllfeld am Fuß des Skierfe.

So siegt die Vernunft über die Abenteuerlust und wir funken den Samen Lennart an, uns abzuholen. Das tut er denn auch mit seinem high-speed Außenborder für einen horrenden Preis von 200,- Kronen für jeden (= insgesamt ca. 100,- DM). Na ja, egal, dafür kann man später am Abend bei ihm frisch gebackenes Fladenbrot kaufen; so steht's auf der Hinweistafel.

Zwei zum ersten Mal im Sarek

Der Mercury-Außenborder heult auf. Lennart steht mit seinen Ohrschützern hinter einer Windschutzscheibe und dreht den Gashebel auf. Der Bug des Bootes hebt sich aus dem Wasser, obwohl wir samt Gepäck ziemlich weit vorn sitzen. Bei der sausenden Fahrt ist der Fahrtwind sehr kalt. Gut, dass wir vorsorglich die Jacken angezogen haben.

Lennart lenkt das Boot mal vom linken Ufer, mal zum rechten, wobei er sich an Markierungsstangen am Ufer orientiert. Gerade in diesen trockenen Tagen muss der Same auf genügend Wasser unter dem Kiel achten. Die schnelle Fahrt durch das Rapadelta dauert gute 20 Minuten. Dann legen wir am Bootssteg von Aktse am Nordufer des Laitaure an.

Von der Bootsanlegestelle geht es noch gut 1 km über Bohlen bis zur STF-Hüttenstation. Da die weitere Marschrichtung direkt hinter der Hütte steil bergauf führt und wir heute doch ziemlich erschöpft sind, wollen wir heute nicht mehr weitergehen, sondern auf STF-Grund, in Nachbarschaft der Hütten, das Zelt aufschlagen.

Den Aufstieg über 250 Höhenmeter bis zur Wegkreuzung, an der es westlich zum Gipfel des Skierfe abzweigt, wollen wir uns für morgen aufheben.

Unsere Ankunft in Aktse wird beobachtet von einem Mann ca. Ende 50 und einer Frau ca. Anfang 60. Die beiden stehen im warmen Sonnenschein auf der Veranda der unteren Hütte. Sie haben uns – aus welchem Grund auch immer – zielsicher als deutsche Landsmänner identifiziert und begrüßen uns mit der freudigen Nachricht, dass der Ofen drinnen die Hütte mittlerweile schon auf 13° aufgewärmt hätte. In der totalen Windstille des sonnigen Abends wirft Jens mir einen irritierten Blick zu, den ich nur mit einem Schulterzucken beantworten kann. Kurz darauf bauen wir schon das Zelt direkt in Hüttennähe auf.

„Ja, sag mal," meint Jens, „wo sind wir denn hier gelandet? Ofen an bei dem Wetter?"

„Ich weiß es nicht. Ich versteh's auch nicht."

Jens drückt einen weiteren Hering in den weichen Boden.

„Na ja, es können ja nicht alle H e r o e s sein."

Kaum, dass das Zelt steht, kommt Lisa, die Hüttenwirtin, zu uns, um unseren Obolus für die Übernachtung auf STF-Gelände zu kassieren. Das ist auch ok so, denn diese Einnahmen werden auch für den Erhalt des Wanderwegenetzes eingesetzt.

Das System von Wanderpfaden besteht aus etwa 8000 Kilometern gekennzeichneter Wege, von denen 5500 Kilometer staatlicher Verwaltung unterliegen und 2500 Kilometer von Kommunen, örtlichen Touristenvereinen und privaten Trägern gepflegt werden.

Brücken, Unterstände und Ruderboote gehören zum staatlichen Wegsystem.

Die Sommerwege bestehen aus ausgetretenen Pfaden. Wo es schwierig ist, den Weg zu erkennen, helfen **bemalte** Pfosten oder Steine oder aufgetürmte **Steinmännchen**. In Wäldern kann sich die farbige Markierung auch an Bäumen befinden.

Häufig sind Sommer- und Winterwege identisch und daher wie Winterwege gekennzeichnet. Winter- und Sommerwege sind auf der Karte unterschiedlich markiert. Einige Winterwege sind im Sommer schwer zu erwandern, da sie durch Sümpfe oder über Seen führen! Die Winterwege sind alle 40 Meter durch Pfosten mit einem roten Kreuz am oberen Ende gekennzeichnet.

Die Unterstände – oder **Vindskydd**, also „Windschutz" -, die strategisch entlang der Pfade aufgestellt sind, haben eine wichtige Sicherheitsfunktion. Sie sind für Pausen oder bei Notsituationen vorgesehen und nicht zur Übernachtung gedacht. Die Unterstände sind mit einem Ofen und Pritschen ausgestattet. Das Feuerholz, das in der Regel vorhanden ist, darf nur in Notsituationen benutzt werden. Die meisten Unterstände des staatlichen Wegsystems sind mit Notruftelefonen ausgerüstet.

Wo häufig benutzte Sommerwege größere Gewässer kreuzen, führen sie über **Brücken**. Einige gefährdete Brücken werden nach der Sommersaison abmontiert, um sie nicht der Beschädigung durch Schneelast, Eisschmelze oder Frühjahrsflut auszusetzen. Manche Pfade sind nicht mehr passierbar, wenn die Brücken entfernt sind. Daher solltest Du Dich vor Antritt der geplanten Tour unbedingt vergewissern, ob die entsprechenden Brücken vorhanden sind, falls Du zu einem frühen oder späten Zeitpunkt der Sommersaison unterwegs bist.

Wo die Pfade größere Gewässer oder Seen kreuzen, gibt es an bestimmten Stellen mindestens ein **Ruderboot** auf jeder Uferseite. Diese Stellen sind auf der Karte gekennzeichnet.

Wer die Boote benutzt, ist verpflichtet, dafür zu sorgen, dass auf jeder Seite wieder ein Boot bereit liegt. Dadurch kann es notwendig werden, dass Du drei Mal rudern musst. Erst rudert man hinüber zur anderen Seite, um das dort liegende Boot zu holen. Dann rudert man zurück mit dem anderen Boot im Schlepptau, zieht es auf das Ufer, um anschließend wieder dorthin zu rudern, wo man seine Wanderung fortsetzen möchte. An den am häufigsten benutzten Pfaden gibt es drei Ruderboote, sodass Dir eine solche Extratour erspart bleibt, wenn Du das Glück hast, zwei Ruderboote am Ufer vorzufinden. Ansonsten musst Du auch hier dreimal rudern.

Dank unserer reichhaltigen Spende dürfen wir uns auch in den Hütten aufhalten und alle Einrichtungen (Gaskocher, Töpfe, Geschirr,...., Plumpsklo) benutzen. Lisa fragt, woher wir gerade kommen und ist erstaunt über unseren 14-tägigen Outdoor- Aufenthalt. In der Tat stellen wir unter den Gästen der Hüttenstation so etwas wie Exoten dar. Schon 7 Tage in freier Wildbahn ohne die greifbare Geborgenheit einer Hütte ist unüblich. Darüber hinaus sind hier in Aktse „Rückkehrer" aus dem Sarek selten anzutreffen. Üblicherweise beginnen die Sarek-Besucher hier ihre Wanderung, indem sie sich von Lennart zum Anfang des Deltas oder bis zum Nammatj bringen lassen.

Lisa wundert sich ebenfalls über unser glattes Äußeres.

„You don't look bubbled!" sagt sie und ich brauche einige Sekunden bis ich verstehe, dass sie auf die bei uns völlig fehlenden Mückenstiche anspielt. Jetzt, da sie es ausspricht, bin ich selbst überrascht darüber. Tatsächlich habe ich bei meinen früheren Touren noch nie so wenig Probleme mit Mücken gehabt. Dann weist sie uns nochmal ausdrücklich auf die Brotbeschaffungsoption bei Lennart hin.

„He will sell it at 6 o'clock. Then he is usually in."

Stimmt auch. 5 Fladenbrote, in Umfang und Dicke einer Mini-Pizza gleich, können wir glorreich erstehen. Das aufgebaute Zelt im Rücken und das soeben käuflich erstandene Brot in den Händen, nähern wir uns abermals der unteren Hütte, um dort zusätzlich zum Brot Nudeln und Tee zu kochen. Der deutsche Landsmann empfängt uns diesmal mit der frohen Botschaft, dass das Thermometer in der Hütte jetzt schon 14° Grad anzeige. In der Tat ist es in der Hütte so brüllend warm, dass uns das Blut ins Gesicht schießt. Als Jens die Frau sieht, die in der saunaartig erhitzten Hütte über ihrem Wollpullover noch immer ihren Parka trägt, ist er kaum noch zu beruhigen. Aber so richtig aus dem Häuschen ist er später an der Dusche (!), die es hier gibt.

Das ist einfach nur eine Gartendusche unter freiem Himmel, durch die das kalte Bachwasser rieselt. Der Duschkopf befindet sich an der Rückseite einer schmalen Holzwand, während sich an der Vorderseite der „Zapfhahn" für Frischwasser befindet. Wir entschließen uns zu einer erfrischenden Dusche und während wir gerade damit beginnen, die Kleidung abzulegen, kommt ein weiterer männlicher Hüttengast in einem dicken Wollpullover zu der Wasserstelle gedackelt. Mit einem Tröpfchen Flüssigseife in der Hand will er sich die Hände waschen. Ungläubig erstaunt über unser Duschvorhaben – das Wasser sei ja so kalt – zieht er bibbernd wieder ab. Jens schlackert nur noch mit den Ohren.

„Sind wir denn hier im Land der Weicheier und Kinderrucksackträger gelandet?"

(Kinderrucksackträger hat für uns seit einigen Tagen den gleichen Stellenwert wie etwa Teletubbiezurückwinker.) Nun darf man nicht vernachlässigen, dass wir ja seit 14 Tagen nur „draußen" waren und uns dementsprechend gut an niedrigere Temperaturen gewöhnt haben. Dennoch sollten wir uns auch in den kommenden 2-3 Tagen nicht an die Mentalität der „Weicheier" aus dem SEC, dem **S**oft-**E**gg-**C**ounty (dem Land der Weicheier), gewöhnen.

Nach der Dusche gehen wir nochmal zum See hinunter, um eine kleine Ruderpartie in einem der hütteneigenen Ruderboote zu unternehmen. Jens legt sich in die Riemen und steuert – nicht gerade direkt – zwei der Inseln auf dem Laitaure an, dem See, in den sich letztlich der Rapaätno ergießt.

Die – natürlich nicht ganz – untergehende Sonne beleuchtet malerisch mal die eine oder andere Insel und das südliche Ufer des Rapadeltas, das wir uns morgen vom Gipfel des Skierfe ansehen wollen. Die Steilwand des Skierfe hebt sich malerisch als dunkle Silhouette vor dem hellen Abendhimmel ab. Hier vom See aus wirkt sie gewaltig.

Etappe	Strecke km	Meter auf + ab	Start Level	Ende Level	Gipfel, Flüsse, Seen am Wegesrand
11	17	140	530	600	Rapavoupme Ritok (978 m) Nammatj (823 m) Bootsanleger von Lennart
Kumulierte Werte	86	1769			

Zwei zum ersten Mal im Sarek

Silhouette des Skierfe

Insel im Laitaure

Zwei zum ersten Mal im Sarek

Freitag, 7. Juli – 15. Tag

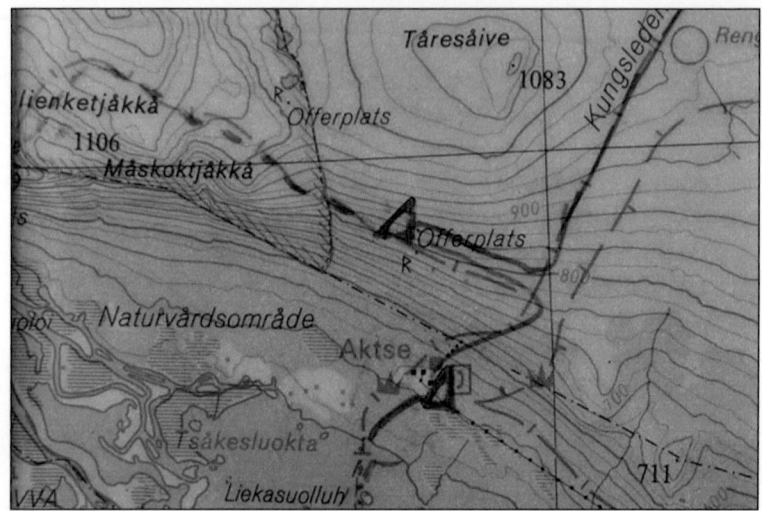

12. Etappe: Aktse – Offerplats – Gipfel Skierfe
ca. 9 km, von 600 auf ca. 1190 m

In dieser Nacht schlafen die Super-Heroes schlecht im SEC. Wir befinden uns auf der niedrigsten Höhe seit Beginn der Wanderung (ca. 580 m). Nur unser Ankunftsort Saltoluokta liegt mit etwa 380 m noch tiefer. Es ist total windstill, total ruhig und die Luft ist mückenschwanger. Kein rauschender Fluss, kein Flattern der Zeltwände im Wind – nichts. Die Temperatur im Zelt ist ungleich höher und unangenehmer als in den vergangenen 2 Wochen. Entsprechend unausgeschlafen bereiten wir uns auf das Tagwerk vor. Heute wollen wir auf den Gipfel des Skierfe stiefeln. Der Berg steht direkt am Rapadelta, ist 1179 m hoch, und besitzt eine gut 700 m senkrechte Wand vom Gipfel bis auf den Talgrund. Vom oben soll man einen wunderschönen Blick aufs Delta haben.

Doch zunächst müssen wir direkt hinter den Aktse-Hütten ca. 250 Höhenmeter bis zum Abzweig des Skierfe-Weges vom Kungsleden bewältigen. Es ist längst nicht so steil wie vor 6 Tagen (man erinnere sich an den Wiederaufstieg von der Wiese ins Snavvavagge) und so haben wir es schon nach einer guten halben Stunde bis zur Wegkreuzung geschafft. Wir folgen dem Skierfe-Weg noch ca. 20 Minuten, dann beschließen wir angesichts der drohenden Schlechtwetterlage, das Zelt am Wegesrand, dort wo auf der Karte ein ‚Offerplats' eingezeichnet ist, aufzubauen und ohne Gepäck weiterzugehen. Der Weg zieht und zieht sich durch Geröll und über mehrere Buckel. Wir benötigen noch weitere gute 2 Stunden bis zum Gipfel, obwohl wir fast schon Jogging-Tempo vorlegen. Die Regenwolken haben den Skierfe und das Delta noch nicht eingehüllt.

Oben auf dem Gipfel gibt es ein Buch, in das man sich als erfolgreicher Gipfelstürmer eintragen kann. Das machen wir auch und dabei sehe ich, dass sich erst gestern einer aus meiner Geburtsstadt Bottrop hier verewigt hat. Das Buch – DIN A 5 Format – befindet sich in einer eigens hergestellten Kupferdose mit verschließbarem Deckel.

Dann gehen wir an den ungesicherten Rand der Steilwand – aber nicht zu nah – und schauen hinunter: einfach großartig dieser Blick. Die vielen Windungen des Rapa und die vielen einzelnen Wasserflächen ergeben ein tolles Bild. Der Aufstieg hat sich allein für dieses Panorama gelohnt. Noch können wir ein Stück weit in den Sarek hineinblicken und die letzten Etappen sehen, die wir gelaufen sind. Der Nammatj, der sich wie ein mahnendes Monument bis auf 800 m aus dem Talgrund erhebt, ist schon halb in Regenwolken verschwunden. In Gegenrichtung, über dem Laitaure, hängen die wahren Regner schon sehr tief. Die durch leuchtend rote Bojen markierte Fahrrinne für die Ruderboote ist kaum mehr auszumachen. Die einfache Ruderstrecke, um dem Königsweg zu folgen, beträgt hier mindestens 3 km, wenn man Lennart, den Teuren, nicht in Anspruch nimmt.

Nach und nach ziehen immer mehr Regenschleier von Westen her vor das Sarek-Panorama. Nach einer ¾ Stunde Aufenthalt auf dem kahlen und mittlerweile windkalten Berge düsen wir über das Geröll wieder zurück zum Zelt. Ich schnappe mir dort die Geldbörse und will unten in Aktse nochmal Brot bei Lennart, dem Samen, kaufen. Also nochmal eine gute halbe Stunde runter.

Lennart ist aber nicht da. Vermutlich ist er noch mit seinem Motorboot auf Tour. Ich setze mich vor eine Hütte und warte. Kurz nach 18:30 h sehe ich sein Boot ankommen. Da der Anlegesteg ja gut 1 km entfernt ist, warte ich noch ein Weilchen, bis ich zu seinem Haus hinüber schlendere. Tatsächlich ist er jetzt da, aber heute gibt es trotzdem kein Brot. Lennarts Frau ist seit gestern irgendwo zu Besuch und da sie als alleinige Backgewaltige abwesend ist, ist der Brotbestand auf Null gesunken.

Mist!! Den ganzen Weg umsonst gemacht. Damit Jens nicht ganz brotlos schlafen gehen muss, erstehe ich im Proviantshop der Station, der auch von Lisa geführt wird, eine Packung Knäckebrot. Das Verfalldatum ist abgelaufen, was bei dem drögen Zeug nicht wirklich eine Rolle spielt, trotzdem bekomme ich es zum halben Preis.

Ich sprinte den Berg hinauf zurück. Seit etwa einer Stunde nieselt es leicht, so dass ich möglichst schnell meinen trockenen Schlafsack bevölkern und dabei irgendwas essen will. Tja, was soll ich sagen? Die gesamte Packung Knäckebrot im Verein mit einer halben Salami geht im Laufe des Abends den Weg allen irdischen Seins. Schließlich sind wir satt genug, um ohne quälende Hungergefühle durch die Nacht zu kommen.

Kochen ist heute nicht mehr drin. Wozu denn auch!

Blick vom Skierfe Richtung Sarek

Etappe	Strecke km	Meter auf + ab	Start Level	Ende Level	Gipfel, Flüsse, Seen am Wegesrand
12	9	790	600	800	Aktse Fjällstation Offerplats Skierffe-Gipfelkreuz (1179 m)
Kumulierte Werte	95	2559			

Folgende Seite: Blick auf das Delta und den Laitaure

Zwei zum ersten Mal im Sarek

Samstag, 8. Juli – 16. Tag

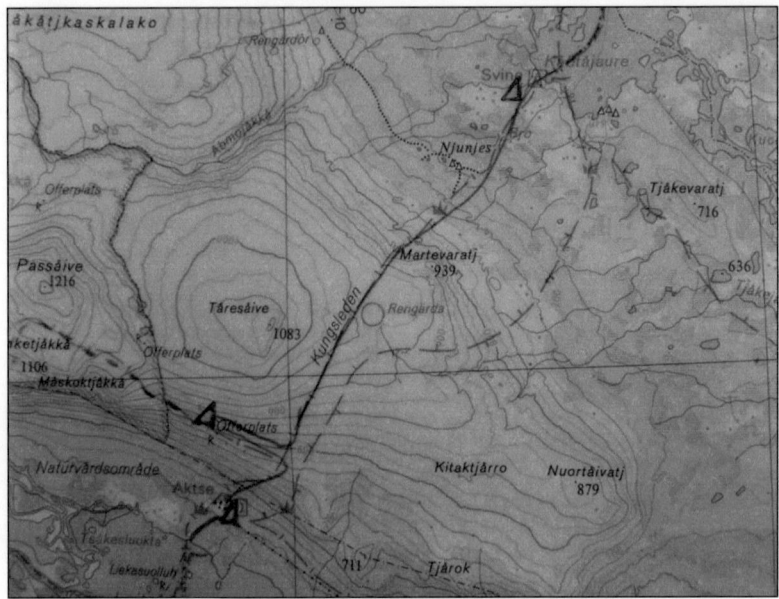

13. Etappe: Offerplats - Kabtajaure
ca. 8 km, von 800 auf 1060 auf ca. 630 m

Heute beginnt definitiv der Rückmarsch. Die eigentliche Wanderung ist mit Erreichen der Station Aktse zu Ende gegangen. Jetzt liegen planmäßig noch 3 Tage vor uns, um die 30 km bis zum Ausgangspunkt unserer Tour Saltoluokta zurückzulegen.

Die erste Etappe bringt uns bis zum Sitojaure, bzw. einem Ausläufer davon - dem Kabtajaure, an dessen Nordufer wieder eine STF-Station liegt. Am Südufer gibt es ein Vindskydd, einen Windschutz, in Gestalt einer spartanisch eingerichteten winzigen Hütte. Bis dort wollen wir heute gehen und eventuell am Vindskydd übernachten.

Während der ersten Stunde ist die Welt noch trocken. Dann beginnt es, sich einzuregnen. Das führt dazu, dass wir selbst auf der baum- und strauchlosen Vidda oberhalb von Aktse keine Pause machen. Hier ist die Landschaft öde. Viele Steine auf sanften Erdwellen mit nur spärlichem Bewuchs bieten dem Auge keine tollen Reize. Vielleicht liegt es auch am Wetter, das ebenfalls nicht geeignet ist, freudige Hochstimmung hervorzurufen. So marschieren wir – abgesehen von einer Pinkelpause - stoisch 3 Stunden lang gegen den Regen an.

Das Vindskydd ist gerammelt voll. 2 Pärchen und ein Einzelwanderer bevölkern die winzige Hütte erfolgreich. 3 von den 5 Leuten warten nur auf das Motorboot über den See. Das gibt es also auch hier. Diesen Motorboot-Service gibt es allerdings nur an vielbegangenen Pfaden wie eben dem Königsweg. Die Ruderstrecke beträgt hier 4 km, eine körperliche Herausforderung, die nur die Wenigsten annehmen, insbesondere dann nicht, wenn man gezwungen ist, diesen Weg dreimal zurückzulegen (vgl. die Ausführungen auf der Seite 90).

Heute müssten wir dreimal rudern, denn hier liegt nur ein Boot. Dazu haben wir heute aber keine Lust mehr, zumal der Regen immer stärker wird.

Da wir uns aber auch nicht mit 4 Leuten in das enge Vindskydd zwängen wollen, bauen wir auf einer kleinen Lichtung das Zelt auf, schmeißen unsere Sachen und uns selbst zügig hinein und lassen den Tag ausklingen.

Etappe	Strecke km	Meter auf + ab	Start Level	Ende Level	Gipfel, Flüsse, Seen am Wegesrand
13	8	690	800	630	Kungsleden Taresaive (1083 m) Rengärde Martevaratj (939 m) Vindskydd am Sitojaure
Kumulierte Werte	103	3249			

Sonntag, 9. Juli – 17. Tag

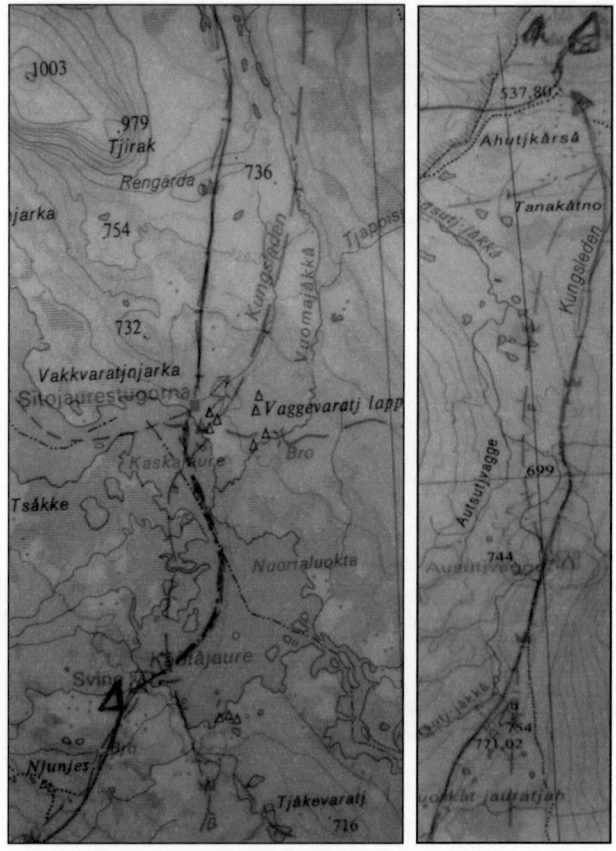

14. Etappe: Kabtajaure – Saltoluokta
3 x 4 km Rudern über Kabtajaure
ca. 19 km, von 630 auf 740 auf ca. 375 m

Auch während der Nacht regnet es reichlich. Ab und zu gibt es die eine oder andere Schauerpause und ich überlege, ob es sinnvoll ist, schon mal zum anderen Ufer zu rudern und das zweite Boot zu holen. Das hätte den Vorteil, dass wir nachher nicht so viel Zeit mit der ganzen Ruderei verlieren würden. Doch schließlich bin ich doch zu faul und drehe mich in meinem Schlafsack lieber noch ein paarmal um die eigene Achse.

Zwei zum ersten Mal im Sarek

Ich wache gegen 5 h morgens auf und lausche den trommelnden Regentropfen. Gegen 6 h hört es auf. Ich ziehe mich kurzentschlossen an und gehe zur Bootsanlegestelle. Ich will das zweite Boot holen. Jens liegt noch in Morpheus Armen.

Das kopfüber liegende Kunststoffboot ist schnell umgedreht, zwei Ruder sind ruckzuck angebracht. Leider sehen sie nicht mehr sehr vertrauenerweckend aus. Ich schiebe den Kahn ins Wasser, wobei ich natürlich von einem sehr glibberigen Stein abrutsche und dabei meinen linken Fuß satt in den See eintauche. Na egal. Ich rudere los bis es nach nur knapp 30 m hörbar kracht. Das linke Ruder ist gebrochen. Ich fass' es nicht.

Kunstvoll manövriere ich das Boot mit einem heilen und einem stark angewinkelten Ruder zurück zum Ufer. Glücklicherweise steht ein drittes Ruder zur Verfügung. Ich starte erneut. Die Ruderstrecke beschreibt einen nahezu rechten Winkel, wobei sie zwischen einigen kleineren Inseln hindurchführt. So ist das Ziel, die Sitojaure-Hütte, erstmal nicht zu sehen. Aus diesem Grund ist der Weg übers Wasser auch hier mit leuchtend roten Bojen markiert, die in großen Abständen auf dem niedrigen Wasser schaukeln.

Man tut gut daran, den Bojen zu folgen, weil der See nur sehr flach ist – teilweise nur etwa 30 – 40 cm – und schon mal der eine oder andere Felsblock direkt unter der Wasseroberfläche lauert. Genau um 7 h schlage ich am anderen Ufer auf, mache sofort das dort liegende Boot klar –auch hier ist nur eines zu sehen -, hänge es an meins an und mache mich auf den Rückweg. Der Anhänger macht seine eigenen Kapriolen. Er läuft kreuz und quer zu meinem Kielwasser, was die Sache sehr erschwert. Ich probiere einige Varianten aus, wie das zweite Boot zweckmäßiger befestigt werden kann und finde schließlich eine, mit der es besser funktioniert.

Ich bin insgesamt gute 2 Stunden gerudert, während derer es nicht einen Tropfen geregnet hat. Doch kaum habe ich wieder angelegt, fängt es umso heftiger an. Ich krabbele erstmal ins trockene Zelt. Dadurch kommt zaghaftes Leben in die Gestalt neben mir, die mich aus halb geschlossenen Lidern zu fixieren sucht. Der Blick – sagte ich Blick? – ist mehr als nur verschlafen und erst nach einigen Schrecksekunden und Anwendung der Methode der negativen Selektion komme ich zu der Überzeugung, dass es sich bei dieser Gestalt um Jens handeln muss, der heute ein etwas weniger frisches Gesicht zur Schau stellt. Nichtsdestotrotz macht er sich – Pawlow sei Dank – unverzüglich daran, das morgendliche Müsli zuzubereiten.

Zwei zum ersten Mal im Sarek

Es hört nicht auf zu regnen. Hoffnungsvolle Blicke in den grauen Himmel werden jedesmal brutal enttäuscht. Kurz und gut – es regnet sich total ein. Schließlich packen wir unsere Sachen so gut es geht innerhalb des Zeltes, bringen die Rucksäcke in das trockene Vindskydd und bauen zum Schluss das Zelt ab, das patschnass eingesackt wird und heute bestimmt 2 kg mehr wiegt als sonst. Die Überlegung, im Vindskydd noch etwas auf besseres Wetter zu warten, währt nicht lange. Das hat keinen Zweck; die Tropfen werden dicker und zahlreicher.

Also los, runter zum Steg, Boot beladen und ab die Post. Jetzt rudert Jens. Ich habe mir während der frühmorgendlichen Aktion schon Blasen an den zarten Daumen gerudert. Ab der Mitte des Sees werden die Regentropfen kleiner, fallen aber stetig weiter. Kaum, dass wir am gegenüberliegenden Ufer angekommen sind, schultern wir die mittlerweile feuchten Gepäckcontainer und marschieren unverzüglich los Richtung Saltoluokta. 20 km sind es bis dort, sagt uns ein Wegweiser.

Auf halbem Weg soll es laut Karte wieder ein Vindskydd geben. Noch haben wir den Plan, dort zu übernachten und die zweite Hälfte dieser Etappe morgen zu gehen. Also folgen wir dem gut begehbaren Pfad, der gemächlich bergauf führt.

Es regnet in einem fort. Unsere hochpreisige, äußere Hülle aus Gore-, Sympa- oder-was-weiß-ich-fürn-tex ist binnen kürzester Zeit klatschnass.

Während einer kurzen Verschnaufpause nach etwa 2 Stunden Dauerberieselung, fragt mich der Freund: „Sag mal, bist Du in deiner Jacke eigentlich auch so nass?"

Verdutzt muss ich die Frage bestätigen und mir wird klar, welcher Abgrund zwischen vollmundiger Werbung und der Realität besteht. Im Innenbereich unserer Jacken macht sich eine unaufhaltsame Feuchtigkeit breit. Atmungsaktiv – pah! Lässt den Schweiß raus – pah! Alles gelogen!

Das stimmt vielleicht für sonntagnachmittägliche Spaziergänge mit einem Päckchen Tempo-Tücher als Hauptgepäck. Bei hoher körperlicher Anstrengung versagt die Technik, selbst wenn man sich schichtenweise materialkonsistent anzieht.

Was allerdings erfreulicherweise stimmt, ist, dass der kühle Wind tatsächlich nicht durchkommt.

Der Regen lässt nicht nach. Bis auf eine 5-minütige Pinkelpause setzen wir den Rucksack nicht ab. Die einzigen Pausen bestehen darin, kurz anzuhalten und den Rucksack hin und wieder neu zu justieren und wieder festzuzurren.

Zwei zum ersten Mal im Sarek

Nach mörderischen 3 Stunden haben wir endlich dieses Vindskydd erreicht, an dessen Existenz wir schon nicht mehr geglaubt haben. Es ist niemand hier, wahrscheinlich auch deshalb, weil jemand den Ofen gut gebrauchen konnte, der hier mal stand.

Die Jacken ausgezogen sitzen wir in der vor spartanischer Enthaltsamkeit strotzenden Hütte und dampfen vor uns hin wie kleine Meiler. Ich finde es nicht sehr gemütlich hier. Laut Wegweiser haben wir mit Erreichen des Vindskydd 11 von 20 km hinter uns gebracht. Ich glaube allerdings nicht an diese Entfernungsangabe. Meiner Meinung nach sind es insgesamt höchstens 18 km, von denen wir jetzt mehr als die Hälfte zurückgelegt haben.

„Jens, lass uns weitergehen. Ich finde es hier ziemlich ungemütlich. Wenn wenigstens der Ofen noch hier wäre."

„Aber es sind bestimmt noch 3 Stunden bis Saltoluokta. Ich spüre meine Füße kaum noch!"

„Warum soll's dir besser gehen als mir? Außerdem glaube ich diesem Wegweiser nicht. Meiner Meinung nach sind es höchstens 18 statt 20 km von Sitojaure nach Saltoluokta und davon haben wir bereits mehr als die Hälfte geschafft. Ich glaube, dass wir höchstens noch 2 Stunden benötigen und wir brauchten uns morgen nicht in die nassen Klamotten zu zwängen."

Ich sehe meinem dampfenden Gefährten an, dass er meinem Vorschlag noch nicht so ganz zustimmen kann.

„Außerdem haben die in Salto ein Wahn-sinns-buf-fet im großem Matsal – dem Speisesaal – und eine warme Dusche und – höre das gesprochene Wort – eine S A U N A. Und wir könnten prima unsere Sachen und vor allem das Zelt trocknen und überhaupt und weißichnich und hassenichgesehn...."

Jens fährt damit fort seine Socken auszuwringen, kann sich der erdrückenden Argumentation aber nicht verschließen und willigt schließlich ein. Nach der halbstündigen Pause fällt der Start zwar schwer, aber nach 5 Minuten sind wir wieder im Trott. Der Schmerz in den Schultern nimmt immer mehr zu; die kurzen Stehpausen mehren sich. Jede übersehene Unebenheit des Bodens macht sich in stechendem Schmerz in den Füßen bemerkbar, wenn man die Flunken mal wieder nicht hoch genug gehoben hat und irgendwo angestoßen ist.

Doch meine Schätzung über die Restlaufzeit bewahrheitet sich: nach 2 h 10 min laufen wir mit maroden Füßen in Saltoluokta ein, mieten für einen horrenden Preis ein Zimmer und buchen auch gleich ein Abendessen für heute und Frühstück für den nächsten Morgen – kurz: wir geben uns hemmungslos dem schieren Luxus hin.

Damit nicht genug, begeben wir uns noch vor dem Abendessen in die Sauna, die ein großes Panoramafenster zum See Langas hin besitzt. Nach 3 Saunagängen fühlen wir uns wie neugeboren.

Beim Abendessen wird uns bewusst, dass die Zivilisation uns wieder eingeholt hat. Schlange stehen am Buffet und ohrenbetäubendes Stimmengewirr, erzeugt von wahren Menschenmassen, sind das direkte Gegenteil von dem, was wir in den letzten Wochen erfahren haben.

Das permanente Klappern der Teller, der Bestecke und das Gewirr vieler Stimmen bricht wie eine akustische Flut über uns herein, der wir uns kaum entziehen können. Gestern Abend noch haben wir in der menschenleeren Einsamkeit unser spärliches Süppchen gekocht und nur der Himmel war Zeuge. Wir haben auf unseren Isomatten feudal zu Tische gelegen, genüsslich den letzten Rest aus dem Becher geleckt, uns zufrieden zurückgelehnt und dem Regen gelauscht. Heute sitzen wir mit mindestens 40 weiteren Personen in einem – zugegebenermaßen hübschen – Raum und versuchen, diesen Kulturschock zu verkraften.

Auch wenn diese Station Saltoluokta eine sehr schöne ist, ist der Aufenthalt hier kein Vergleich zu dem Erlebnis der Allnatur ohne störende menschliche Einflüsse. Ich finde, dass ein längeres Verweilen und Sich-Bewegen in der Natur, selbst mit einer tollen Ausrüstung, wie sie uns zur Verfügung steht, sehr gut geeignet ist, den Erfahrungshorizont zu erweitern.

Dinge, die uns Stadtmenschen selbstverständlich sind, erscheinen in einem neuen Licht. Wer etwa Wasser haben will, muss es sich zunächst suchen und dann portionsweise dorthin transportieren, wo es benötigt wird. Wasserhahn, Lichtschalter, Zentralheizung, Toilette...?

Komm zurück zu den Wurzeln und lerne, Dinge zu schätzen. Für mich ist es immer wieder ein Erlebnis, wenn ich während einer Wanderetappe meinen Durst direkt an der Quelle stillen und Wasser mit der hohlen Hand aus Bach, Fluss oder See schöpfen kann. Ich freue mich, wenn ich die Wetterlage richtig eingeschätzt habe und das Zelt steht, bevor die dicken Tropfen vom Himmel fallen. Andererseits bin ich aber nicht verärgert, wenn ich z.B. vom Regen überrascht werde, der mich nassregnet oder wenn das Gelände mal wieder fürchterlich zu begehen ist.

Damit man solchen Situationen mit Gleichmut begegnen kann, muss man von vornherein nur die richtige Einstellung mitbringen. Das ist das

Zwei zum ersten Mal im Sarek

ganze Geheimnis. Natürlich schimpfe ich auch über schlechte Wegstrecken, aber das ist tatsächlich nur äußerlich. Ich weiß, worauf ich mich eingelassen habe und akzeptiere die natürlichen Unbilden so wie sie kommen.

Nun, der Abschied ist da. Mit wehmütigen Blicken über das Heck des Fährschiffs auf die umliegenden Berge Tjakkeli und Lulep Kierkau nähern wir uns der Anlegestelle, wo der Bus in die Zivilisation bereits wartet.

Es war eine herrliche Wanderung, die uns schöne, durchwachsene und abenteuerliche Momente beschert hat und uns darüber hinaus während der gesamten Zeit ein unvergleichliches Gefühl der Freiheit und Grenzenlosigkeit vermittelt hat.

Ich hoffe, dass es nicht die Letzte war…

Hier ist Zusammenfassung der letzten Etappe mit den abschließend aufgelaufenen Werten:

Etappe	Strecke km	Meter auf + ab	Start Level	Ende Level	Gipfel, Flüsse, Seen am Wegesrand
14	19	475	630	375	Sitojaurestugorna Fjällstation Vindskydd Autsutjvagge Saltoluokta Fjällstation
Kumulierte Werte	122	3724	Total		

Demnach haben wir <u>in 14 Marschtagen (plus Ruhetage) insgesamt rund 120 km und 3700 Höhenmeter</u> zurückgelegt. Die Strecke ist eher gering, denn ursprünglich hatten wir etwa 50 km mehr geplant (*s. Skizze auf S. 7*).

Zwei zum ersten Mal im Sarek

Epilog

Vielleicht noch ein Wort zur Entmystifizierung des SAREK. Abgesehen von dem kurzen Teilstück des Kungsleden, der die südöstlichste Ecke des Sarek ankratzt, war ich in diesem Jahr zum ersten Mal wirklich in diesem berühmten Nationalpark.

Der Wunsch, dort zu wandern, bestand schon lange. Allein, einige Insider-Berichte, an deren Ende man sich wundern muss wie der Protagonist ob der vielfältigen lebensgefährlichen Situationen überhaupt mit dem Leben davongekommen ist, hatten schon ihre abschreckende Wirkung.

Heutzutage macht das Internet die Welt zum Dorf. Dementsprechend zahlreich sind die Informationsquellen, aus denen man schöpfen kann. Dabei hat sich gezeigt, dass es hinsichtlich der Beschreibung von Sarek-Touren grundsätzlich zwei Darstellungsweisen gibt: die eine legt den Tenor auf die Schönheit der erlebten Natur, während die andere mit Macht in die Kerbe der offiziellen schwedischen Angstmacher-Verlautbarungen (s. Auszüge am Ende dieses Textes) haut.

Ähnliche Beschreibungen gibt es übrigens auch für andere Wandergebiete. Ich kenne Kungsleden, Padjalantaleden, den Grenzpfad von Troms, Teilgebiete südlich des Torneträsk rund um Lapporten und das norwegische Jotunheimen – und ich wage zu behaupten, dass das Gelände im Sarek nicht mehr und nicht weniger Anforderungen an den geübten Wanderer stellt als andere Wandergebiete auch.

Der große Unterschied besteht darin, dass innerhalb des Sarek dem Wanderer keinerlei Annehmlichkeiten in Form von Hütten oder (offiziellen) Wegmarkierungen etc. geboten werden. Aber selbst Letzteres ist teilweise zu relativieren. Wegmarkierungen werden in der Tat nicht erneuert. Gleichwohl gibt es immer wieder mal von Wanderern installierte Steinmännchen oder verblasste Farbmarkierungen aus vergangenen Tagen.

Darüber hinaus ist es eigentlich nicht möglich, sich wirklich unrettbar zu verirren, sobald man nur eine grobe Karte dabei hat. Da man eh nur den Tälern folgen kann, ist die grobe Richtung von vornherein vorgegeben. Und gut erkennbare, leider unvermeidliche Trampelpfade gibt es immer, sobald der Boden nur weich genug ist (wie z.B. im Rapadalen).

Das, was eine über 5- 7 Tage hinaus gehende Trekking-Tour anstrengend macht, ist das völlige Fehlen jeglicher Hütten. Somit werden zwangsläufig Teile der Ausrüstung unverzichtbar (Zelt, Schlafsack, Kocher...). Außerdem – und das ist der springende Punkt – muss jedweder

Zwei zum ersten Mal im Sarek

Proviant mitgeschleppt werden, eine Gewichtskomponente, die mit jedem weiteren geplanten Marschtag größer wird.

Wenn man sich einigermaßen verantwortlich ausrüsten will, stellt die Proviantliste die einzige Möglichkeit dar, den Rotstift anzusetzen. Weniger Proviant bedeutet weniger Gewicht. Weniger Proviant bedeutet aber auch weniger zu essen. Und weniger zu essen kann geringere Kraftreserven bedeuten. Aus diesem Dilemma gibt es keinen pauschalen Lösungsweg. Den muss jeder für sich selbst finden.

Und wie wild ist diese Wildnis wirklich? Ist man im Sarek wirklich fernab von jeglichen Hilfen? Hütten gibt es keine, aber immerhin existiert mitten im Sarek ein Nottelefon, einige Brücken überspannen den einen oder anderen breiten Fluss. Man ist nicht gezwungen, große Flüsse pioniermäßig zu durchqueren. Jens und ich haben den Kukkesvaggejåkkå bei Hochwasser durchschwommen – was nur wegen des umfangreichen Gepäcks etwas aufwändiger war.

Gefährliche Situationen gibt es im Straßenverkehr mit Sicherheit häufiger als auf einer Trekking-Tour. Passieren kann natürlich immer etwas, keine Frage.

Ein körperlicher Defekt kann natürlich dann zum existentiellen Problem werden, wenn man allein unterwegs ist. Ist man wenigstens zu zweit, kann der unverletzte Weggefährte von jedem Punkt im Sarek aus in maximal zwei (Gewalt-) Marschtagen Hilfe holen.

Nichtsdestotrotz bietet der Sarek wunderschöne Landschaften, herrliche Panoramen, beeindruckende Felsmassive und Gletscher, eine anbetungswürdige Outdoor-Atmosphäre – kurz:

wer sich gerne in der weitläufigen Natur bewegt und gerne auf zivilisatorische Anzeichen verzichtet, kommt hier voll auf seine Kosten. Ich freue mich schon auf die nächste „Expedition" in den Hohen Norden Europas.

Zwei zum ersten Mal im Sarek

Zum Ausklang und Abschrecken

Folgende Texte werden vom schwedischen *Staatlichen Amt für Umweltschutz* zur Verfügung gestellt *(Hervorhebungen durch K.H.)*:

Sarek - Mythos und Wirklichkeit

Eine Informationsschrift für Bergwanderer, die den Nationalpark besuchen möchten.

Sie möchten im Sarek wandern? Wir, die wir für Schutz und Pflege des Nationalparks zuständig sind, hoffen, dass Ihnen bewusst ist, was eine Wanderung im Sarek bedeutet.

*Der Sarek ist eine großartige und **unberührte** Hochgebirgsregion mit steilen Gipfeln und Gletschern. Zwischen den Gebirgsmassiven erstreckt sich ein Netzwerk von tief eingeschnittenen Talgängen. In diesem Terrain voranzukommen, ist, wie man sich leicht vorstellen kann, **ungeheuer strapaziös**. Der Sarek ist aber auch eine **weglose Wildnis**. Die zentralen Teile des Nationalparks liegen kilometerweit von bewohnten Gebieten entfernt. Es gibt **keinerlei Einrichtungen für Touristen, Pfade oder Hütten**. Im Falle eines ernsthaften Unglücks ist man **völlig auf sich gestellt**.*

*Wir möchten **die Unerfahrenen** unter Ihnen vor einer Wanderung in den Sarek **warnen**. Bevor Sie den Sarek in Angriff nehmen, sollten sie bereits mehrere andere Fjälltouren unternommen haben.*

Viele Menschen kommen mit unrealistischen Vorstellungen in den Sarek, denn das Wandern dort hat mittlerweile so etwas wie eine Statusfunktion. Wir möchten diese Art von Mythos um den Sarek relativieren, ohne jedoch den Wert des Nationalparks schmälern zu wollen.
*Natürlich gehört das Gebiet zu den schützenswertesten und **unwegsamsten** Schwedens. (...) Natürlich ist der Sarek ein Wildmarkgebiet von imponierender Größe - wer jedoch wirkliche Einsamkeit sucht, sollte Gebirgsregionen mit weniger imposanten Namen zum Wandern auswählen, denn während der Hauptsaison ist es im Sarek alles andere als einsam.*
Tausende sind in den Sommermonaten in diesem Gebiet unterwegs (...).
*Der Mythos um den Sarek hat Sie vielleicht getäuscht. Die schwedischen Gebirgsregionen sind groß, und der Sarek ist nur eine Perle unter vielen. Eines aber ist wahr: Wer eine **unberührte Wildnis** in einer Hoch-*

Zwei zum ersten Mal im Sarek

gebirgsregion erleben will, für den stellt der Sarek eine Klasse für sich dar. *Wenn Sie diese Art Einsamkeit suchen, **müssen Sie schon allein zurechtkommen**. (...)*

Wenn Sie jedoch mit den Informationen, die den zur Verfügung stehenden Büchern über Bergsteigen und den Sarek, den Gebirgskarten und den Vegetationskarten zu entnehmen sind, nicht zurechtkommen, sind Sie eigentlich nicht erfahren genug für eine Sarek-Wanderung. (...).

Die Bedingungen im Sarek erfordern, dass man Karten lesen kann, über die richtige Ausrüstung verfügt und nicht zuletzt die rechte Einstellung mitbringt, um **nicht** im Voraus **planbare Schwierigkeiten** wie z.B. schlechtes Wetter, über die Ufer getretene Flüsse, Müdigkeit etc. zu meistern.

Sie müssen in der Lage sein, Ihre Pläne während der Wanderung zu ändern. **Der Sarek soll eine Region bleiben, in der nichts unternommen wird, um eine Gebirgswanderung zu erleichtern.** So steht`s im Pflegeplan des Nationalparks. Denn diese einzigartige und unberührte Landschaft soll erhalten bleiben. Natürlich können Sie auf eigene Faust den Sarek besuchen. Wir möchten denjenigen, die sich in dieses Gebiet aufmachen wollen, einige allgemeine Tipps (s. Ende dieses Berichts) geben.

Und wenn Sie sich "reif" für die Wildnis fühlen, dann heißen wir Sie herzlich willkommen im Nationalpark Sarek.

(Alles, was hier aufgeführt wird, ist wahr. Interessant dabei ist nur die Wortwahl. K.H.)

Tipps

Der Sarek ist groß, und für eine Durchwanderung muss man mindestens eine Woche einplanen. Eine funktionale, gut durchdachte Ausrüstung inklusive eines guten sturmtauglichen Zeltes ist unerlässlich.

Sie benötigen einen warmen Schlafsack sowie zusätzliche wärmende Kleidungsstücke wie Pullover, Handschuhe und Schal. Denn auch im Sommer kann es empfindlich kalt werden, und Schneefälle sind in dieser Jahreszeit nichts Ungewöhnliches.

Gute Regenbekleidung ist im Sarek ein Muss! In dieser Region fallen sehr große Mengen an Niederschlag. Sie können davon ausgehen, dass es an zwei von drei Tagen regnet oder bedeckt ist. Man kann zwar Glück haben und eine längere Sonnenperiode erwischen, aber ausgehen darf man davon auf keinen Fall.

Ein zuverlässiger Outdoor-Kocher und Proviant gehören ebenfalls zur Ausrüstung. Wir von der Nationalparkverwaltung sehen es am liebsten, wenn das Lagerfeuermachen auf ein Minimum reduziert wird. Zwar ist es nicht verboten, aber die Feuerstellen verschandeln die unberührte Natur. Zudem benötigen Sie ja Brennmaterial zum Verfeuern, was die Vegetation des Parks, der Sie es entnehmen, beeinträchtigt. In diesem Zusammenhang sei erwähnt, dass von lebenden Birken keine Rinde abgeschält werden darf. Lagerfeuer sollten nur dann entzündet werden, wenn Kleidung getrocknet werden muss. Das regelmäßige Essenkochen über offenem Feuer ist sowieso unzweckmäßig. Die Belange des Sarek sollten jedem Besucher am Herzen liegen!

Eine Sarek-Ausrüstung wird zwangsläufig recht schwer - wiegt das Gepäck eines Einzelwanderers weniger als 20 kg, hat er wahrscheinlich etwas Wesentliches vergessen. Sinnvoll ist es, die Traglast, soweit möglich, auf mehrere Personen zu verteilen.

Ein Wanderstab ist eine gute Hilfe beim Wandern und Durchwaten von Bächen – von lebenden Bäumen darf er jedoch nicht stammen!

Im Winter stellt der Sarek noch höhere Anforderungen an seine Besucher. In vielen schmalen Tälern wie beispielsweise dem Lullihavagge besteht selbst unten im Tal Lawinengefahr. Im Winter toben schwere Stürme, und das Fehlen von Übernachtungshütten macht einen Aufenthalt in diesem Gebiet nur für extrem erfahrene Gebirgswanderer möglich.

Wegwahl

Im Sarek gibt es keine Wanderpfade, mit Ausnahme des Kungsleden, der über eine kurze Strecke den südöstlichen Teil des Parks passiert. Trampelpfade sind jedoch auf den von vielen Menschen begangenen Routen entstanden.

Wir wollen und können keine genauen Angaben über geeignete Routen aufzeigen, denn niemand kann vorbehaltlos Tipps zum Sarek geben. Schneeverhältnisse und Wasserstände variieren von Jahr zu Jahr. Die Wahl des geeigneten Weges müssen Sie selbst draußen im Gelände mit Hilfe von Karte, Kompass und einem sicheren Urteilsvermögen finden.

Zwei zum ersten Mal im Sarek

Rapadalen

Rapadalen ist ein großartiges Tal, aber eine Wanderung dort ist kein Sonntagsspaziergang. Das Tal hat eine dichte Vegetation, und folgt man auch den ausgetretenen Pfaden auf der nördlichen Seite, so ist ein Vorankommen im Weidendickicht - besonders bei Regen – sehr beschwerlich. Über weite Strecken verläuft der Trampelpfad durch Sümpfe mit morastigem und schlammigem Untergrund. Bestimmte Streckenabschnitte wurden kürzlich mit Bohlenwegen versehen, um den Boden zu schützen. Aber nach wie vor ist eine Wanderung durch das Tal sehr anstrengend.

Wir empfehlen den Gebirgswanderern, den unteren Teil des Rapadalen zu meiden und sich statt dessen nördlich von Skierfe zu halten, dem Nordhang des Tales zu folgen, und die Route schräg auf Alep Vassajajåkkaåj zu nehmen, die hinunter zum Rapaselet führt. Diese Route bietet viele großartige Ausblicke, die das, was man vom Tal aus sieht, weit übertreffen.

Schwer zu durchwatende Flüsse

Viele der Wasserläufe im Sarek sind bei Hochwasser unpassierbar. Auch kleine und sonst leicht zu durchwatende Bäche können über die Ufer treten und eine starke Strömung aufweisen. Die Wasserführung der Gletscherflüsse variiert in Abhängigkeit vom Schmelzwasser sehr stark. Häufig sind sie schmal, steilufrig und stark strömend, wobei rollende Felsblöcke eine besondere Gefahr darstellen. Flüsse wie **Rapaätno**, **Njåtsosjåkkå**, **Kåtokjåkkå** und **Kukkesvaggejåkkå** gelten als **besonders gefährlich**. Ein Durchwaten dieser großen Wasserläufe sollte deshalb unterbleiben. Die beiden letztgenannten Flüsse kann man jedoch über Brücken passieren. Unterhalb Låddepakte gibt es eine beschriebene Watstelle durch den Rapaätno - Tielmavadet. Es ist jedoch sehr schwierig und nicht ohne Risiko, den hier normalerweise sehr breiten und relativ tiefen Fluss zu durchqueren.

Nachfolgend einige weitere strategisch günstig gelegene Flüsse, die von Wanderern oft durchwatet werden, aber mit Vorsicht zu genießen sind:

Sarvesjåkkå: schwierig in den unteren Flussabschnitten bei Hochwasser; Überspringen kann man ihn im Oberlauf in einem schmalen Canyon unterhalb Ritatjåkkå;

Zwei zum ersten Mal im Sarek

Kuoperjåkkå: an der Mündung des Alkavagges breit und steinig; mittelschwer zu durchwaten;
Tjagnarisjåkkåtj: nahe der Ebene Pielaslätten, auf der mitunter Schneetreiben herrscht und die ansonsten sehr viel Vorsicht erfordert;
Palkatjåkkå: Im Talgang Njåtsosvagge, ein Bach mit unterschiedlichem Schwierigkeitsgrad, abhängig vom Wasserstand.

Aus Gründen der Sicherheit sollte eine Sarek-Tour mit so wenig Watstellen wie möglich geplant werden. Im Spätsommer führen die meisten Flüsse in der Regel weniger Wasser, es sei denn, ein Unwetter hätte große Niederschlagsmengen gebracht.

Brücken

Im Sarek gibt es zwölf Brücken. Sie wurden in erster Linie für die Belange der Rentierzucht erbaut. Der Kungsleden führt im Südosten des Parks über einige dieser Brücken. Die Brücken sind in den neuesten Versionen der Gebirgskarten eingezeichnet. Im Winter und bei der Frühjahrsschmelze können diese Brücken beschädigt und dadurch unpassierbar werden. Die Brücke Skarjabron im Zentrum des Parks wird vor Wintereinbruch abgebaut und, sobald die Bedingungen es zulassen, gewöhnlich im Monat Juni, wieder an ihren Platz gestellt. Verlässliche und aktuelle Informationen über den Zustand der Brücken erhalten Sie bei: Länsstyrelsens fjällförvaltning.

(Alles, was hier aufgeführt wird, ist wahr. Interessant dabei ist nur die Wortwahl. K.H.)

Zwei zum ersten Mal im Sarek

NILS-ASLAK VALKEAPÄÄ, geboren 23.3.1943 in Enontekiö, †
19.2.2004: Bildung: Grundschullehrer, Beruf: Künstler, WCIP (World
Council of Indigenous Peoples) Kultur-Koordinator der Sami-Dichter und
–Künstler. Nils-Aslak Valkeapää, ursprünglich bekannt geworden als
Interpret des Sami Jojk (Joik-Gesang) und als Förderer der Jojk Tradition.
Er begann seine literarische Laufbahn im Jahr 1971 mit der Broschüre
Terveisiä Lapista (Grüße aus Lappland). Seitdem veröffentlichte er
Sammlungen von Gedichten, komponierte Musik, hatte Fernsehauftritte,
veranstaltete Ausstellungen und versuchte sich in verschiedenen Stilrich-
tungen. Die Poesie des N.-A. V. ist vornehmlich in der samischen Spra-
che veröffentlicht worden. Dennoch sind einige der Gedichte auch ins
Finnische übersetzt worden. Allerdings sind seine Gedichte besser in
Norwegen und Schweden als in Finnland bekannt. N.-A. V. schreibt über
die Natur, die dem Volk der Samen sehr nah ist. In seinem Sami poeti-
schen Werk, nutzt er alle Möglichkeiten und Potentiale der samischen
Sprache, wie Geräusche, Töne, Genauigkeit, abgeleiteten Wörtern und
Musikalität der Wörter, weil die Gedichte in erster Linie für die samische
Bevölkerung geschrieben wurden. Der Ausgangspunkt von Nils-Aslak
Valkeapää 's Arbeiten ist oft ein *Jojk*, weil in ihm ein Thema in verschie-
denen Formen wiederkehrt und nach dem Singen für eine lange Zeit im
Gedächtnis bleibt. Seine Werke zielen darauf ab, eine besondere Atmo-
sphäre oder Hauptthema zu vermitteln. Die Leitthemen der Poesie von N.-
A. Valkeapää sind die Natur, Liebe und soziale Gerechtigkeit. In seiner
Arbeit „Beaivi, ahcazan" (1988), ist das Hauptthema das Verhältnis der
Samen zu der sie umgebenden Wirklichkeit, das heißt, zu ihrer Existenz
als menschliche Wesen, zu den Mitteln für ihre Lebensgrundlage, zur
Natur und zur Hauptbevölkerung des Staates. Das Bildmaterial befasst
sich überwiegend mit den gleichen Themen. Auch seine anderen poeti-
schen Werke befassen sich in der Regel mit der Beziehung zwischen der
Minderheit der Samen und der Hauptbevölkerung der skandinavischen
Länder. Nils-Aslak Valkeapää starb 2004 an den Folgen einer Lungenent-
zündung.

Zwei zum ersten Mal im Sarek

KNUT HAMSUN * 4.8.1859 Lom im Gudbrandsdal † 19.2.1952 Nörholm (Südnorwegen) Der Norweger Knut Hamsun, sein eigentlicher Name war Knut Pederson, führte von seiner Jugend an ein unstetiges Leben. Als Sohn eines Schneiders war er mal Kaufmanns-Gehilfe, mal Schaffner, mal Kontorist, mal Hilfslehrer oder Sekretär. Er war ein immer reisender, Freigeist, ein Einzelgänger, der bis zum Lebensende nicht wirklich sesshaft wurde. Seine Reisen führten ihn nach Paris, Russland, in die Türkei und zweimal nach Amerika. Das moderne Amerika war Hamsun von Grund auf unsympathisch - "sie haben das Leben zum Entgleisen gebracht". 1920 erhielt er den Literaturnobelpreis für den Roman "Segen der Erde" (1917), in dem er seiner anti-zivilisatorischen Haltung durch einen Lobgesang auf den einfachen Bauern Ausdruck verlieh. Thomas Mann sagte, der Preis sei nie auf einen Würdigeren gefallen.

Kleines topographisches Wörterbuch

Die landschaftlichen Bezeichnungen in den Wanderkarten beinhalten meist einen „sprechenden" Teil, der einen Rückschluss auf die reale Geländeform erlaubt.
So ist ein „jaure" ein See (z.B. Akkajaure = der See Akka), ein „jauratj" ein kleiner See. Und ein „vagge" ist ein Tal, wie etwa Kukkesvagge – das Kukkestal.
Dabei sind je nach Region (und Alter der Karte) unterschiedliche Schreibweisen in Umlauf.

Begriff auf der Karte — Bedeutung

Begriff	Bedeutung	Begriff	Bedeutung
Akka, ahkka	alte Frau	rieppe	schwer zugäng-
alep	westlich		liches Tal
autsutj	dichter Wald am	lakko	Ebene
Bach		led	Weg
bro	Brücke	lulep	östlich
jauratj	kleiner See	luokta	Bucht
jaure, javre	See	lådde	Vogel
jåkkå , jahkka	Bach	vagge	Tal
jåkåtj	kleiner Bach	varatj	kleiner Berg
pakte	Steilwand	ätno, ädno	großer Fluss
tjåkkå	Gipfel	bajep	höher
tjårro	Bergrücken	kaska	mittel
kårså	Schlucht	stuor	groß
jekna	Gletscher	top	spitzer Gipfel
njunjes	Fuß eines Berges	unna	klein

Zwei zum ersten Mal im Sarek

Proviant in den Fjällhütten.

Dies ist ein Basissortiment, das abhängig von der Größe der Hütten variieren kann. In größeren Hütten kann das Sortiment erweitert sein.

Fleisch-/Fischkonserven	Adventure Food, gefriergetrocknet	Knäckebrot
Suppen, Konserven	Haferflocken	Schokolade
Suppen, Pulver	Brotaufschnitt	Kaffee
Heiße Brühe	Tubenkäse	Tee
Gemüsekonserven	Salami, Grilstad	Trockenmilch
Bohnen, div. Sorten	Knackwurst	Süßwaren
Mais, Bio	Apfelsinenmarmelade/	Snacks/Trockenobst
Obstkonserven/Desserts	Apfelmus	Rosinen
Pulvercreme	Preiselbeerkompott	Hygieneartikel
Übrige Lebensmittel	Ketchup/Senf	Toilettenpapier
Kartoffelpüree	Zucker	Gas
Reis, im Kochbeutel	Salz	T-Brennstoff
Nudeln	Brot und Kekse	Streichhölzer
		Fjällkarte

QUELLEN

Alle nachfolgend aufgeführten **Zitate** aus:
Hamsun, Knut –
Sämtliche Romane und Erzählungen, Bd. 1, List Verlag 1977
Zitat auf Seite 23: a.a.O., S. 869
Zitat auf Seite 30: a.a.O., S. 922
Zitat auf Seite 41: a.a.O., S. 873
Zitat auf Seite 44: a.a.O., S. 875
Zitat auf Seite 52: a.a.O., S. 896
Zitat auf Seite 60: a.a.O., S. 875
Zitat auf Seite 62: a.a.O., S. 870
Zitat auf Seite 67: a.a.O., S. 942f
Zitat auf Seite 79: a.a.O., S. 880

Gedicht „Ich bin des windigen Berges Kind", Seite 3: von Nils-Aslak Valkeapää

Daten zu Nils-Aslak Valkeapää:
http://de.wikipedia.org/wiki/Nils-Aslak_Valkeap%C3%A4%C3%A4
Daten zu Knut Hamsun:
http://de.wikipedia.org/wiki/KnutHamsun...

Samische Ortsnamen; Proviant in den Fjällhütten et al
www.stf.se

Zwei zum ersten Mal im Sarek

IMPRESSUM

Titel	Zwei zum ersten Mal im Sarek : Wandern im Land der Samen / Klaus Heyne
Person(en)	Heyne, Klaus
Ausgabe	2. Aufl.
Verleger	Norderstedt : Books on Demand
Erscheinungsjahr	2014
ISBN	9783844802054
Umfang/Format	98 S. : 47 z.T. farb. Ill. ; 210 mm x 148 mm,
Sachgruppe(n)	910 Geografie, Reisen
Erscheinungstermin	Oktober 2014

BIBLIOGRAPHIE

JOTUNHEIMEN - Wandern in der Heimat der Riesen
Eine Wanderung in Norwegens Bergwelt
ISBN: **978-3839136485**

Zwei im Sarek:
Wandern unter der Mitternachtssonne
ISBN: **978-3839134092**

...nur noch bis dahinten!
Trekking am Polarkreis
ISBN: **978-3732234325**

...just till over there!
Trekking Round the Arctic Circle
ISBN: **978-3735778499**

Anregungen und Kritik sind willkommen.

Bitte schreibt an: klaus.heyne@web.de
Besucht auch: www.longdistancetrekker.jimdo.com